珍藏本
纪念版

汉译世界学术名著丛书

比较语音学概要

〔法〕保尔·巴西 著

刘复 译

商务印书馆
SINCE 1897 The Commercial Press
2017年·北京

Paul Passy

PETITE PHONÉTIQUE COMPARÉE DES PRINCIPALES LANGUES EUROPÉENNES

汉译世界学术名著丛书
（120 年纪念版·珍藏本）
出 版 说 明

2017 年 2 月 11 日，商务印书馆迎来 120 岁的生日。120 年前，商务印书馆前贤怀揣文化救国的理想，抱持“昌明教育，开启民智”的使命，立足本土，放眼寰宇，以出版为津梁，沟通中西，为中国、为世界提供最富智慧的思想文化成果。无论世事白云苍狗，潮流左右激荡，甚至战火硝烟弥漫，始终践行学术报国之志，无改初心。

逐译世界各国学术名著，即其一端。早在 20 世纪初年便出版《原富》《天演论》等影响至今的代表性著作，1950 年代后更致力于外国哲学和社会科学经典的译介，及至 1980 年代，辑为“汉译世界学术名著丛书”，汇涓为流，蔚为大观。丛书自 1981 年开始出版，历时三十余年，迄今已推出七百种，是我国现代出版史上规模最大、最为重要的学术翻译工程。

丛书所选之书，立场观点不囿于一派，学科领域不限于一门，皆为文明开启以来，各时代、各国家、各民族的思想与文化精粹，代表着人类已经到达过的精神境界。丛书系统译介世界学术经典，引领时代思想，为本土原创学术的发展提供丰富的文化滋养，为推动中国现代学术和现代化进程做出了突出的贡献。

为纪念商务印书馆成立120周年，我们整体推出“汉译世界学术名著丛书”120年纪念版的珍藏本，寄望既利于文化积累，又便于研读查考，同时向长期支持丛书出版的译者、编者和读者致以敬意。

两甲子后的今天，商务印书馆又站在了一个新的历史时间节点上。我们不仅要铭记先辈的身影和足迹，更须让我们的步伐充满新的时代精神。这是商务人代代相传的事业，更是与国家和民族的命运始终紧密相连的事业。我们责无旁贷，必须做好我们这代人的传承与创造，让我们的努力和成果不仅凝聚成民族文化的记忆，还能成为后来人可以接续的事业。唯此，才能不负前贤，无愧来者。

商务印书馆编辑部

2017年10月

序

著者 Paul Passy 用不着介绍的咯！Passy 的声名是三处来的：第一，他是近时研究法国语音最精细的人；第二，他是现在通行的国际音标的拟稿人，有时人们说起国际音标来就叫他 Passy 的音标；第三，为什么他做的音标系统能这么通行呢？因为他有普通语音学的基本学识来做制定符号的根据，他的符号系统就是他的学问的具体的表现。

这部比较语音学大要[①]，本来是便于欧洲人学英德法三国语音用的。这三国的语言在中国人所学的各种外国语中，也常处最重要的地位，所以这部书也是一种实际上非常合用的书。但这书的价值还不光就在这点上：这也就是一个语音通论的一种做法的书，因为语音学通论当中所讨论的各种音素和音的关系等等现象，总要有具体的实际的标准和定义才能说得不空泛。依理想的科学标准说起来，音素须有绝对客观的标准，例如元音须以副音的音高，或音高比例作定义（R. J. Lloyd 和 Sir Richard Paget 的学说），或以舌的最高点的极限位置作标准元音（Cardinal vowels）[i][a][ɑ][u]的定义（D. Jones 的学说）。但这些标准还没有能达

① 本书名为《比较语音学概要》，此处译名从赵元任先生原译。——编辑注

到语音学界公认的程度，一部分还在研究之中。所以现在讨论语音的时候，那怕就是在一部极抽象的语音学通论里（例如Jespersen的Lehrbuch der Phonetik），总常常把语言中所有的实例来例解抽象的观念的趋向。换言之，现在的语音学既然没有资格像天文物理等科学能全以概论材料做基本，那么所谓“语音学概论”也总脱不了比较语音学的派头；所以以Passy的语音学专家来做一本小小的英德法的比较语音学，也并没有屈低了他的身分，因为这也就已经是现代一部绝好的语音学概论了。

译者刘半农先生更不用介绍的咯！刘先生在中国四声上的实验的供献是大家都知道的。这部书有刘先生译也是这书的运气，因为刘先生既是精通语音学理的学者，又是一个意到笔随的新文学者，所以在译述中非但不失本书讲论的明晰，而又能把原来风趣的地方都写得一样得神，这真是——那么我又何必多说呢？读者那怕没有听见过Paul Passy，总没有没有看见过刘半农的著作的。我再叨叨的多说，不是变了不晓得你们认识刘半农了么？

一九二五，四，一九，赵元任序于巴黎。

目　　录

引　言

本书之趣旨

1. 我们法国人要学说外国话，最好先看外国人怎样说我们的法国话。我可以说，几乎是从来没有什么外国人能说法国话说得全好的；所谓全好，是说他所说的同我们所说的一样。他们的错误，有种种的不同。有时他们用错了一个字：例如意大利人说“我要停止了”(Je vais m'arrêter)一句话，往往说成了“我要关起我来了”(Je vais me fermer)。有时他们所用的字不甚适当：例如德国人说“昨天我来看你的”一句话，不说“hier je suis venu vous voir”而说“hier je renais vous voir”。有时是什么都不错，可把字音读错了。

2. 犯这最后一种毛病的尤其多。例如英国人中也不少精通法语的，但我们大家可以听得出，他们碰到了“vu”或“été”这两个小字时，就简直没有办法可以说得好。又如德国北方人说：“Il faut mettre du zèle dans les aliments”；他的意思并不要把“热心”(zèle)放到食物里去，只是要放些盐(sel)。天下雨了，德国南方人说：“Il pleut des chats”(天上落下猫来了)；其实他所要说的，乃是“天已经(déjà)下雨了”。他也可以说：“天上落下许多小刀(des petits couteau)来”，而他的意思乃是“天上落下许多水滴(des pe-

tites gouttes d'eau)来”。一个意大利人可以向我们说,他在法国是一个驴子(un âne),在英国也是个驴子;其实他决不是驴子,他不过在法国住过一年(un an),在英国也住过一年。在这一类的错误里,若是我们有意要找出些趣解来取笑,真是找不胜找。因此有人嘲笑西班牙人说过这样的一句话:“Depuis que ma femme est morue j'ai fait un veau de rester toujours bœuf et andouille。”其中“鳜鱼”(Morue)是“死”字(mort)之误读,“小牛肉”(veau)是“誓”(vœu)字之误读,“牛肉”(bœuf)是“鳏夫”(veuf)之误读,“香肠”(andouille)是“戴孝”(endeuil)之误读。

但是我们并没有权利可以嘲笑外国人,因为我们说外国话时,也不免闹出同样的笑话。

不过,我们也尽有方法可以把外国话说好,虽然未必能十全十美的好,至少也总可以使人听了过得去,不难受。在事实上,我们时时可以遇到许多英国人,德国人,意大利人,说法国话说得很能自然入调,因此可以想见我们法国人,决然不是绝对不能把外国话说好。这本小书的主要意趣,就在于指示出一种方术来,使人可以说好外国话。第一件要事,在于找出说不好的原因来;换句话说,就是要找出发音的错误的起源。

3. 说到发音这一回事,我们可以说:语言乃是许许多多的声音的组合;这许许多多的声音,前去后来,过渡很快,却应合了自然的规律或实际的需要,结合为许多的长节或短节;这种的节,我们称它为字,或为句。字与句的作用,不过是一节的声音,传到了我们脑筋里,使脑中可以立时画出某一件事物的影子来,或者是使脑中可以发生出某一种的意想来。

这种的效果，完全是从习惯上得来的。

因为习惯并不处处相同，所以同是某一节的声音，并不能使全世界的人听了脑中发生同一的影子或意想。有如我们法国人称"鞋子"为"Soulier"，德国人就称它为"Schuh"；我们听到这"Schuh"字时，我们脑中决不会画出个鞋子的影子，却亦许画了个"白菜"的影子，因法国人称白菜为"Chou"，与"Schuh"字之音近。

4. 如此，可见在各种语言中所用的声音结合法，并不相同。非但这结合法不同，便是所用的声音，也往往不同。有如英国人称"三"为"three"，德国人称"书"为"buch"，其中"th"与"ch"两个音，就是我们法国语言中没有的。反过来看，我们法国语中的"鼻母"，如"on""an"等音，在英，德，意，班等语言中，也是没有的。

5. 我们要模仿我们语言中所没有的某一个音，我们决不能一学就学像；我们往往把我们自己语言中所原有，而和这一个音大致相近的一个音去替代它。有如英语中没有法国的"u"母，就用"you"一节的音去替代；意语中没有鼻母"an"，就用"âne"一节的音去替代。有时是替代了还是自己不知道，自以为所发音就是所欲拟音，而不知两者之间有很大的区别。有如德国南部人不能知道法语中"面包"(pain)与"洗澡"(bain)两音间的区别；又如有位法国先生教着个英国学生说"一条街"(une rue)这一句话，他若特别认真，结果那位学生一定要不耐烦的说："先生，我说的不是同你一样么？youne roue，对不对！"

6. 话虽这么说，我们要把外国语音听得真确，学得真确，究竟也并不极难。所要紧的是练习的得法。而这得法的练习，却根基于关于语音的知识；有了这知识就自然能有得法的练习。所以这

种的知识万不可少。我们把这种知识的总体叫作语音学;语音学的目的,乃是"就构成语言的材料一方面(声音),以研究语言"。

7. 这本小书是一部语音学的入门书,其中用简明的绪述,将法国语音和欧洲各种重要语言的语音互相比较——英德语处第一位,意班语处第二位,其余次要语言,亦有时涉及。有时也讲到些法国各处的方言和土语。这种语言一般人都把它糊糊涂涂的看过,却不知道就语言学及文学两方面着眼,其中真有无尽的珍贵的分子。

8. (附带说明)——我们说到研究语音,马上就可以发生一个问题:究竟是那一种的语音?我们知道马赛人或 Gascogne 人说话的口音,和巴黎人不同;再仔细一看,口音是各人不同的:尽可以是两个生长于一处的人,其口音中也总多少有些区别。这件事在法国语言中是如此,在别种语言中也当然是如此。就理论上说,语音无论如何变化,无论这变化是地域的或个人的,它总各有各的价值,我们不能强判它孰好孰坏;但为语言的教育计,却不能不有一种选择。

我们在无论何种语言中选出一种语音来做代表,我们并不能说这种语音是最好,只能说它最普通一点,或者最合用一点,或者最容易被别处人承认或接受一点。本书所取的语音,法语用巴黎语,就是作者自己的语言,而于需要处加以相当的改正。英语用英伦北部受过教育的人的语言,就是 R. J. Lloyd 所说的"北部英语",是伦敦语,苏格兰语,美国语中的中间语。德语用"舞台语",即 W. Viëtor 书中所说的"bühnendeutsch",而略加修改,使更就简易。意班二语,亦用同样的选择法。

9. 我们知道便是同一个人的口音,也决不是永远一样的。最显明的是我们和家人朋友们随便说话的音,与演说时或朗诵时的音相比,其间便有许多不同之处。所以就语体以选择语音,而仍以便于实习宜于教育为着眼点,则最好的语音,应当是“普通慢说语”的音;我们研究无论那一种语言的音,都把这种语体的音做基本。

我所以要取这种语体,有两层缘故:一层是因为它全体调和,在学习上比较容易;二层是因为用它做了基本,在改变为他种语体时,也全没有不相宜之处,用它在“快说语”中,并不觉得重滞而不自然,用它在朗读或演说中,也不觉得欠缺庄严或欠缺正确。

我们研究语言,自然不能专管这一种语体而把别种语体忘记了。在本书中,凡涉及他种语体的,均随时标明;不标明的即是这一种的语体。

标音符号

10. 研究声音,不得不用一种文字代表声音;犹如研究数目,不得不用一套号码代表数目。就理论说,我们所用的字母,便应当是一套代表声音的文字,如号码之代表数目一样;但在我们常用的文字中,这字母对于代表声音一件事上,缺点实在太多了。有时是同一个音,却用不同的字母代表着;例如“coq”(雄鸡)一个字里,“c”与“q”的价值是相等的。有时是声音不同,却用同一字母代表着;例如“car”(因为)“cent”(一百)两字中的两个“c”。有时要用两个字母表示一个音,例如“champ”(野)字中的“ch”。有时一个字母代表着两个相连的音,例如“exemple”(例)一字中的“x”等于

"gz","boxe"(拳术)一字中的"x"等于"ks"。有时空有字母而并无所表,例如"beau"(美)字中的"e","nez"(鼻)字中的"z"。

这种不规则的现象,是各种文字中都有的;例如英文中的"gh",在"ghost"(鬼)"laugh"(笑)"hiccough"(逆呃)"though"(虽然)四个字中,价值各不相同。

又同一字母,在各种语言中所具的标音价值,往往大不相同;例如德语与意语中用"j"所表的音,在法语中应当用"y";又英语中所用的"j",其价值为"dj"。

用这种缺点极多的工具研究语言,单只研究一种的语言,已不免时时感到困难;若要比较许多种的语言,当然是难之又难。我这里只是说难,意思是说并不是不可能。但虽然可能,在工作时常常遇到无谓的困难,总不大好。

11. 因此缘故,我们在本书之中,要采用一套"语音学的字母";这字母的原则,是每有一个音,便用一个符号代表;或者说,每一个符号,只代表一个音。在现时所有的各种语音学的字母之中,我们所采用的是万国语音学会所用的一种,因为它在学习上及应用上,都很简易,而且比较有名。

12. 现将这种字母中所有的各主要符号及其价值,列一总表如下:

a——读如法语之 part(份);

æ——读如南部英语之 man(人);

ɑ——读如法语之 pas(步);

ɒ——读如英语之 saw(锯);

b——读如法语之 bout(端);

c——读如法国流俗语之qui(谁);

ç——读如德语之 ich(我);

d——读如法语之dent(齿);

ð——读如英语之then (于是);

e——读如法语之 dé(针箍);

ε——读如法语之 fait(事);

ε̃——读如法语之 vin(酒);

e——读如法语之 de(的);

f——读如法语之faux(伪);

ɡ——读如法语之gant(手套);

g——读如班语之 luego(马上,就);

h——读如法语之hardi(粗豪);

i——读如法语之 ni(亦不);

j——读如法语之yak(水牛之一种);

ɟ——读如法国流俗语中之gai(愉快);

l——读如法语之long(长);

ʎ——读如法国南方语中之 fille(女孩);

m——读如法语之mot(字);

ɲ——读如法语之 enseigner(教育);

ŋ——读如英语之 sing(歌唱);

o——读如法语之 tôt(早);

ɔ——读如法语之 tort(错);

œ——读如法语之 seul(独);

ø——读如法语之 peu(少);

p——读如法语之pas(步);

q——读如阿拉伯语之quhoua(咖啡);

r——读如法语之rond(圆),(舌音);

ʀ——读如法语之rond(圆),(小舌音);

ʁ——读如丹麦语之ro(安止);

ɹ——读如南部英语中之red(红);

ɾ——读如班语之 pero(但);

s——读如法语之si(如此其);

ʃ——读如法语之champ (野);

t——读如法语之tas(堆);

θ——读如英语之thin(薄);

u——读如法语之 tout(全);

ʌ——读如英语之 but(但);

v——读如法语之vent(风);

ʋ——读如班语之 saber(知);.

x——读如德语之 ach(唉!);

y——读如法语之 pu(能);

ɥ——读如法语之 buis(黄杨木);

w——读如法语之oui(是!);

z——读如法语之zèle(热诚);

ʒ——读如法语之joue(颊)。

ʰ——气呼;

n——噪音;

ʔ——声门阻；

é——紧母；

è——松母；

ŭ——母音之用为切辅者；

n̩——子音之用为切主者；

ã——鼻母；

r̥——声音气化；

K̬——气音声化；

m̦——耳语音；

*——反音或吸入音；

ˉ——弱切音；

ˈ——强切音；

ˈ——半强切音；

ː——长；

ˑ——半长；

⊓——高音；

⊔——低音；

ˊ——上升音；

ˋ——下降音；

∨——降升音；

∧——升降音；

˫——舌前伸；

˧——舌后退；

˔——口稍开；

⊥ ——口稍闭；

ɔ ——唇更圆；

c ——唇更弛。

13. 以上所列符号七十九个，前五十个是音符，其余是节制符。我们称述音符起来，就直称它所代表的音，并不像普通文字中的字母，于音值之外更有名字。碰到有些音符不能单独发音的，就加上一个[ə]音，就是我们法国人普通称为“哑 e”的一个音。例如读[p]为 pe，不读为 pé；读[g]为 gue，不读为 jé；读[u]为 ou，不读为 u。

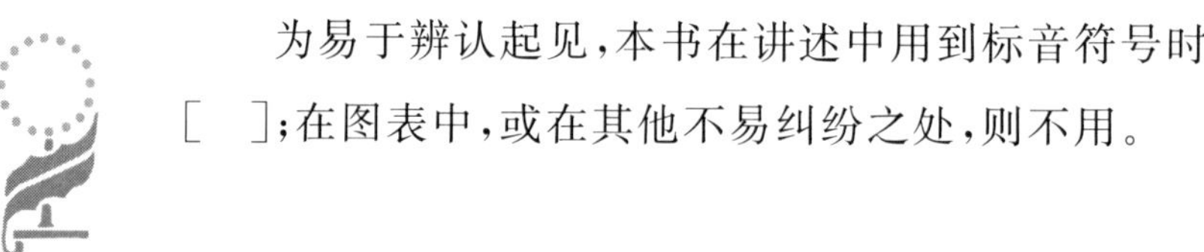

为易于辨认起见，本书在讲述中用到标音符号时，必用方括弧[ ]；在图表中，或在其他不易纠纷之处，则不用。

语言之构成

语言中的声音

14. 说到语言中的声音,我们大家知道有一个最普通的分类法,就是母音(voyelles)与子音(consonnes)的区分。在我们初进学堂读字母表时,先生就向我们说:字母有两类,母音与子音。其实这话就说得不对:因为字母本身并没有母音子音的区别,只是字母所代表的声音有这样的区别便了。

15. 母音与子音间的区别在什么地方呢?一向沿传下来的文法书中说:母音是可以单独成音的,子音却必须和母音合并了才能成音。这话又不确实。在感叹词中,我们常常遇到单独的子音,例如"s"[s:];或者是许多子音的结合体,例如"pst"[ps:t],"chut"[ʃ:t]。

16. 要把母音子音间的区别明确说出,是件极不容易的事。但我们也能建立一个虽然粗泛可是比较正确一些的界说,若然我们说:凡是母音都是可以唱得的。所谓可以唱得,是说将任何母音,按着音阶中不同的音唱去,它的音质可以不变。(例如把一个[a]音,先按凡音唱,次按工音唱,次按尺音唱,……音高是变了,而听去还仍是个[a]。)这件事在子音是做不到的;若然不是一切子音都做不到,至少也该是[f],[s],[p],[k]等音做不到。从这上面,我们可以把语音中母音与子音间的区别,与自然界一切声音中所有的乐音（sons musicaux）与噪音（bruits）间的区别，相提并论。这句话不容易一说就说得明白，且容我慢慢的说下去。

普通的声音

17. 即使我们并不仔细研究，我们也总能知道声音是个什么东西；声音者，乃是一个听得见的东西，或者说，是我们的耳朵所听得见的东西。假使我们略略翻一翻声学书，我们就可以知道声音之构成，乃由于弹性物体的颤动（vibrations）。这种的颤动从空气中或从他种物体中传达到我们的耳朵里。当其传达之时，传音物变成了浪的形状；这种的浪，我们称之为声浪（ondes sonores）。声浪到了耳朵里，就经过了一定的程序，刺激我们的听神经，于是我们就发生了声音的感觉。

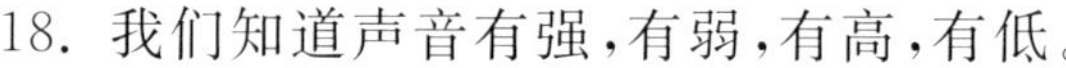

18. 我们知道声音有强，有弱，有高，有低。

声音的强弱，由于物体颤动时颤幅（amplitude）的大小；颤幅愈大，则声音愈强。

声音的高低，由于颤动的迟速；颤动愈速，则声音愈高。

19. 使用最粗的方法，也可以看出乐音与噪音之不同。譬如你听一听钢琴上的声音，同时再听一听锯子锯木的声音，你可以说这两种声音之中，自有一个根本不同之点在。这根本不同之点是什么，且看声学书中怎样的解释它。

20. 原来弹性物体的颤动，有种种不同的式样。有一种是简单的颤动，就是很整齐的一往一来，交相继续；这种颤动所成的音，是简单的音（son simple），有如音义的音。但我们耳中所听见的，通常都不是简单的音，是复合的音（son composé）。复合音的构成，由于复合的颤动；复合颤动的意思，是说有许多的简单颤动混合在一起，同时并作。因复合颤动是许多简单颤动的合体，而此一合体中各简单颤动所具之分量或比例，却未必能同于彼一合体中各简单颤动之所具，所以我们耳中所听到的彼此两音，便在其强弱高低绝对相同的时候，也还可以听得出它的不同的色彩来。这种不同的色彩，叫作音质（timbre）。我们听乐器的音，此器与彼器不同；又语音中[a]与[i]不同；又同是一个[a]，甲所说是甲的嗓音，乙所说是乙的嗓音：这都是音质的不同。

复合颤动中的各简单颤动，迟速各不相同；我们也可以说，复合音乃是许许多多高低不同的简单音的合体。在这种的合体之中，我们称最低的一个音（就是最迟的一种颤动所造成的音）为基音（son fondamental），称其余的音为副音（sons accessoires）。

21. 副音与主音间的迟速比例，有种种的不同。而在这种种不同之中，有一种叫作简单比例（rapport simple），它的比例数是1，2，3，4，5……。譬如有一个复合的音，它的基音的速度是132（就是说，它每秒钟颤动132次），次一个副音的速度是264，再次一个副音是396……，用音乐家的话语来表示，则基音是do¹，其余各副音是do²，sol²，do³，mi³，sol³……，有如下谱：

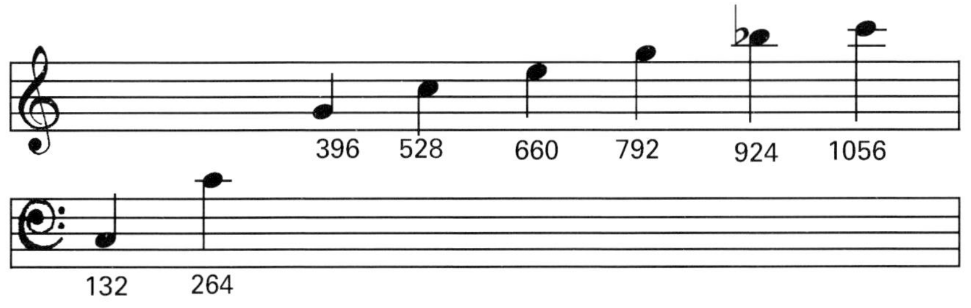

假使基音与副音间的关系是如此，我们就说，在这一个合体之中，各副音与基音是协和的(harmonique)。所谓乐音，就要备具这一个条件；若然副音与基音不协和，那就不是乐音，只是噪音。

22. 在复合音中，基音于高低上处重要的地位，因为我们说某一复合音的高低是怎样时，实在只是说它基音的高低；副音的高低，通常都置之不问。

在音质上，是副音的强弱处重要的地位。如前文所说，乐音中的基音与副音，其高低间的比例，应当是 1，2，3，4，5，……否则便不能调和。但高低间的比例尽可以同是 1，2，3，4，5，……而强弱间的比例，却可以各不相同。因此 flûte 的音，虽然也是复合音，而其中最强的一个音却是基音，各副音都很弱。(在所有一切的乐器中，以 flûte 的音为最近于简单的音。)钢琴的音，以开首几个副音为最强，到第五六个副音以下，就很弱。喇叭的音，却正与相反：开首的副音很弱，入后渐强。各种乐音的音质——即色彩——之所以不同，其关系就在此副音强弱的变化之中。

如上所说，可见我们研究声音，第一可以比较高低，第二可以比较强弱，第三可以比较音质。这三种的比较，在乐音噪音两方面都可以适用，只是在乐音方面更比在噪音方面重要些。(其实现在的声学程度还太幼稚，在噪音方面，始终还没有相当的研究法；所以高低，强弱，音质等的比较有时竟是无从着手。)

23. 说到噪音，那就显然可以分作两大类：一种是打击的噪音(frappements)，是一发就完，无从连续的；一种是摩擦的噪音(frottements)，是可以任意连续的。前者有如锤子打铁的声音，后者有如锯子锯木的声音。

母音与子音

24. 现在回转来说语言中的声音。如前文所说，母音是可以唱得的，那就当然是乐音了。子音是不能唱得的，那就当然是噪音了。因此可以说，语言中的声音所分成的两大类，适符于自然界中的声音所分成的两大类。

25. 我们在子音的研究上，若再稍稍走进一步，就可以看出构成子音的那一种噪音，实际只是肺中的气，向外流出，经过口腔或鼻腔时，受了何种的阻碍，不能自由自在的流，因而挤成了一种摩擦音，或是激成了一种打击音。有如[f]，乃是气流在上齿与下唇中间所挤成的摩擦音；[p]，乃是气流被双唇闭住了，忽然冲开，因而激成的一个打击音。

26. 子音是这样构成的，母音又是怎样构成的呢？要把这件事说得明白，就比较困难些。但是稍稍用一点简明的试验法，也就可以窥见一些大概。

假使我们把两个手掌掩住了两个耳朵，口中交互的说下面的几个母音与子音：

eː，sː；iː，fː；uː，ʃː，

说得重而且长，结果是当你说母音时，耳中轰轰的作响；说子音时就不然。这种轰轰的响声，好像是从喉咙中直接传到耳朵里，并没有经过口腔。

再将手指压在喉头（就是通常称为“喉结”的）上，口中照样发这么几个音，你也可以感觉到：当发母音时，喉头是有颤动的，发子音时是没有的。发母音时的颤动，不必一定在喉头上才可以感觉到：譬如说[a]音，在胸口也可以感得颤动；说[i]音是头上；说鼻母[ã]是鼻上。但比较起来，要算喉头最好，因为这是语音的出发点。

27. 要将喉头发音的现象研究得精细，应当参考解剖学及咽喉医学的书。我们在下文中，只能粗粗说一点：太高深的不能说，尽人皆知的也不必说。

发音机关

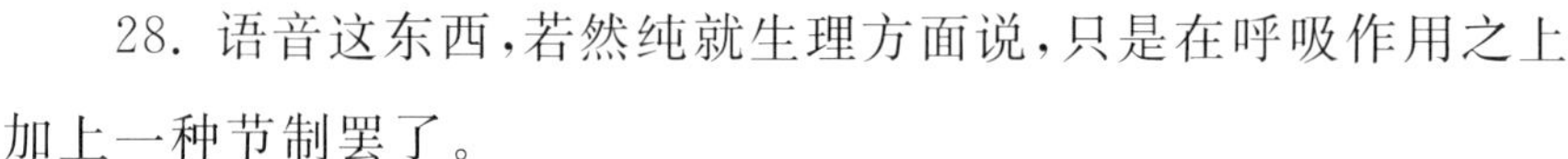

28. 语音这东西，若然纯就生理方面说，只是在呼吸作用之上加上一种节制罢了。

我们大家知道呼吸的主要机关是肺；肺就是胸脯中所藏的一种有弹性的袋。在装满空气时，它就涨大；空气少时，它就缩小，有时能缩到几乎全空的程度。它下面是支持在一层有弹性的膜上，叫作横膈膜(diaphragme)。有一条管子，使它与外间的空气交通，叫作气管。气管入肺处，分为两大支；更从这两大支分为无数的小支，充满肺的全部，叫作气管支。空气由气管入肺，分布于气管支中，以与血液相接，乃是呼吸这一件事的目的所在。

29. 在平常时，或者说在呼吸作用休息时，肺里的空气大致是在半满的程度。一会子血液从心脏里来，要和空气相接以吸取酸素，横膈膜就自然的往下降，使胸脯中的容量增加。胸脯中的容量增加了，肺就不得不涨大了去填补它；但肺是不能空大的，又必须要有空气来填满它，于是外间的空气，就自然而然的经过了气管，以达于气管支，这种的现象，正如我们把风箱一抽，气就自然流入：

这就是“吸”。

到血液既与空气相接,横膈膜就立时恢复常状,肺中的气,也就接着被驱逐于气管之外:这就是“呼”。

呼吸乃是呼与吸两件事的合名。

普通的呼吸都用鼻;但在人气急的时候,或者是伤了风,鼻管闭塞的时候,也就兼用口。

说话时的声音,几乎完全是呼出的气做成的;用吸入的气的时候极少。

说话时的呼气,大部分是用口。

30. 气管的最大部分是坚韧的,粗细也大致全体均匀。其上端尽头处,与喉头(larynx)相接。喉头的外表,即通俗所称为“喉结”的,用手可以摸得着;有些男人的喉结特别凸出,可以看得很清楚。

喉头中由前向后,并生着两条筋肉的带,叫作声带(cordes vocales)。左声带之左,与右声带之右,均生有黏膜,以连接于喉头;只左声带之右与右声带之左的中间,留出一个空缺。这空缺叫作声门(glotte)。呼吸时的空气,便从这声门中进出。因声带是一种随意筋,所以声门可开可闭。有时闭住了,空气要从内部呼出,就只有冲出的一法。但因声带是富于弹性的,你一壁把它冲开,它又随即闭上。冲的只管冲,闭的只管闭,结果是一开一闭,继续不绝。

31. 喉头的上面,有一个喉盖(épiglotte),好像风箱中的活门一样:在呼吸时,它就开着;在饮食时,它就盖上,使食物不误走到肺里去。

当喉盖开张的时候,喉头的上部,就与咽头(pharynx)交通。

咽头乃是个“三叉口”，它接受了喉头中来的气，一面可以把它引导到口腔中去，一面也可以把它引导到鼻腔中去。当它引气入鼻腔时，软口盖(voile du palais)必须下降。软口盖乃是硬口盖(palais)后面的一个活落机关。在通常呼吸时，它总处于下降的地位，使空气可以从鼻腔中往来；但有时也能上升，把鼻道关起。

32. 当喉咙休止的时候，声门是开着；空气从肺中流出，只稍稍有一些摩擦的噪音。这噪音很微弱，有时可以全听不见；但当呼气强的时候，就可以听得很清楚。这样的一个音，我们称它为气呼(souffle)，用这一个符号[ʰ]表示它。

在左右两声带互相接近而使声门关闭的时候，我们若要呼出气来，就只有冲开声门之一法。冲开声门的结果，如前文所说，乃是“一开一闭，继续不绝”；换一句话，就是使声带颤动不绝。颤动的结果是发音，于是我们喉咙中，就发生出来一种的乐音，叫作嗓音(voix)。单纯的嗓音(这就是说，没有[a]，[e]，[i]等种种音质上的分别的嗓音)，可以用这样的一个符号[∩]去表示它；在实际的语言中，我们用单纯的嗓音的机会很少，但它是一切母音的基本。

我们可以用一个极简单的试验法，证明声带的机能。取一根木头的(或玻璃的)管子(管径约半寸左右)，一端套上一小段的细橡皮管；木管代表气管，橡皮管代表声门。这时候橡皮管的口是圆的，即用以代表声门开张时的状况。若是我们用口吹木管的彼一端，像肺中呼出气来一样，我们只能听见一些微弱的摩擦声，此外并没有什么。但假使把橡皮管上相对的任两点，用手指向左右紧拉，拉得橡皮管口从圆的变成了扁的，其两边互相接触，成一直线，那么，它所代表的，便是声带并拢，声门关闭时的情状。这时我们再用口吹木管的彼一端，橡皮就被空气冲动得颤动不绝，我们马上就可以听得见一种的乐音，不再是那摩擦的噪音。

33. 另有一套司理声带的筋肉，使它在颤动的时候，可以拉得紧，放得松；或者是使它全部颤动，或只是一部颤动。因为有了这样的机能，所以我们的声音，可以高，也可以低；所以母音是可以“唱”得的。又声音中有“胸音”及“头音”的区别，其原因亦在于此。（译者按：“胸音”及“头音”，乃是两个不合学理的名词，还不如我国的“真嗓”“假嗓”两个名词好些。）

34. 至于各母音间音质上的区别，却无关于音的高低；换一句话说，就是无关于声带的状态。我们知道声音出了声门，并不是直接就到我们耳朵里来的：它必须经过口腔。口腔乃是充满空气的东西。照声学上讲，凡是充满空气的东西，遇到声音经过时，一定要发生共鸣作用（résonance）；这充满空气的东西，就叫作共鸣器（caisse de résonance）。因此口腔与鼻腔，也都是共鸣器。

所谓共鸣作用是什么一回事呢？我在前文（§20—§22）说过，一个复合音，乃是一个基音与许多副音的合体；副音与基音的高低比例是1,2,3,4,5……，强弱间的比例，却是各各不同，全无限制。共鸣作用，就是变化这各各不同的副音的强弱。（譬如有一个音，其基音与开首三个副音的强弱比例是50，25，70，15，当其受到第一个共鸣器的共鸣作用时，基音与第一副音都增强了一倍，第二第三两副音不变，结果是全体的比例变成了100，50，70，15；当其受到第二个共鸣器的共鸣作用时，基音与第三副音都增强了一倍，第一第二副音不变，结果是全体的比例变成100,25,70,30。于是原来的一个音，和这后成的两个音，音质各不相同。）我们的口腔，虽然是单一的，但因它开合如意，又有舌头在中间变化形式，所以只是一张口，竟能变化成无数个不同的共鸣器；每变成一种式样；它就能使经过的嗓音，受到相当的影响，以造成其音质上的变化；每有一个音质上的变化，就有一个不同的母音。

35. 现在我们可以说出母音与子音间的不同处来了。子音是口腔中的噪音；母音乃是声带所造的乐音，口腔只是个节制机关，使它变化音质罢了。

气子与声子

36. 但这只是最粗略的一种说法。我们若是逼进一步，马上就可以看出母音与子音间的区别，决没有这样的干脆。原来自然界就不是个干脆的东西：你把无论什么事物按照着无论什么学说去分类，总不能分得恰恰正好；这是因为自然界中事物与事物之间的差异，不是一节节的跳的，乃是一分分的滑的。

37. 我们说过：母音是可以唱得的；子音如[f]，[s]之类，是不能唱得的。在这句话上当然不能有什么疑义。不过假使我们把[v]，[z]，[m]等音按着唱歌的方法唱，我们也可以唱得很好；而且我们在随随便便哼着什么一个调子，而不唱出它的字眼的时候，我们所用的，往往是一个[m]音。再归到前文说过的简单试验法，在我们发这[v]，[z]，[m]等音时，若将手掌掩住了两耳，耳中也照样的听得到轰轰的响声；若用手指去摸喉结，手上也照样的感觉得到声带的颤动。

那么，我们该将这几个音归入母音么？这又是语言学上万难答应的。因为譬如一个[v]音,无论如何总是[f]的邻音——试将neuf(新,阳性),neuve(新,阴性),bœuf(牛),bouvier(牧牛人)等字中的[f][v]两音互相比较——我们决不能把它们俩分拆开来。

38. 在这上面,我们又该回复到声学上去找出个解释来。

原来自然界中的声音,大都不是简单的,是许多的音合在一起同时并作的。这种的声音在没有受过特别训练的耳朵听上去,好像只有一个声音,并不觉得在一个声音之中,包含着许许多多的声音。最显明的例,便是我们说过的乐音及噪音:乐音是许多调和的简单的音的复合体,噪音是许多不调和的简单的音的复合体。

但这种只是复合(combinaison)。有时候是一个乐音同一个噪音互相合并起来,而耳朵里所听到的,仍旧像是一个声音一样。这种的音,就叫作混合音(son mixte)。混合音的性质,是并乐音噪音二者兼而有之。

自然界中的混合声,有如风吹树木,浪打沙滩,泉流石隙等等。

39. 语言中的混合声,即是嗓音与噪音的混合物。方才我们说到的[v],[z]等音,即其一例。非但此等音,便是[i],[u],[y]等音,也并不是干干净净的嗓音,却于嗓音中多少混合着一些摩擦的噪音。

40. 我们不把这种混合音独分为一类,只是斟酌情形,依混合体中嗓音或噪音所占的分量的多少,将它归入母音或子音。如[i],[u],[y]便归入母音,[v],[z]便归入子音。[i],[u],[y]之所以归入母音者,因它在根本上是母音的性质,可惜是合口母(voyelles fermées)而不是开口母(voyelles ouvertes),当其成音之时,口腔较窄,致气流外出,不能充分自由,因而略有摩擦的噪音,加入原来的嗓音。至于[v],[z],根本上却是与[f],[s]一样的,不过一壁只有纯粹的气在口中摩擦,一壁是气以外还有嗓音加入。因此我们可以定出两个名词,一个是气的子音,或简称曰气子(consonne soufflée);一个是声的子音,或简称曰声子(consonne voisée)。

41. 到此地,我们可以补足母音与子音的界说了:

母音是声带上所发出的乐音,受了口腔的节制作用,而有种种不同的音质;它可以是纯粹的乐音,也可以在乐音上带一些极轻微的摩擦的噪音。

子音是噪音;它可以是纯粹的噪音,也可以同嗓音混合着。

我们发母音时,口应当张开,至少也应当是半开;若过了这限度,空气与口腔的摩擦渐渐增强,就要失却母音的性格。发子音时,口应当闭着,至少也应当近闭;若过了这限度,空气与口腔的摩擦渐渐减弱,就要失却子音的性格。但这只是个理想的界限。在实际上,例如[u]与[w]之间的界限,我们就没有方法可以分画得清清楚楚的。我们只能说:这里面因为摩擦音的分量有多少之不同,所以一个是母音,一个是子音。

42. 母音中略略混合着一些轻微噪音,普通都置之不问,因为这并没有多大的关系。至于子音中有没有混合着嗓音,却是研究语言时不可轻轻放过的一件事。所以声子与气子的区分,是语音中的一个重要区分。

43. 用前文说过的掩耳朵与摸喉结两种试验法,我们可以断定[f],[s],[p],[t],[k]是气子,[v],[z],[b],[d],[g]是声子。我们再可以加上一种小试验:先将肺中吸满了气,徐徐呼出;口的式样，最初是张开的，后来渐渐合拢，使下齿与上唇相接；到一相接，你马上就可以听见一个[f]。你这时候所呼出的，只是纯粹的气。若然你不呼气，而在喉咙中做一种呻吟的声音（像[ə]音差不多的声音），一面照样的慢慢合口，使下齿与上唇相接，结果是你所得到的不是[f]，而是[v]。于是我们可以说：[f]与[v]是用同样的方法做成的，不过一个有声，一个无声。

44. 这件事使我们得到了一个很重要的归结：凡是子音，都可以一对一对的相配；换句话说，就是无论那一个子音，如其原来是无声的，我们可以发出一个有声的陪伴它；如其原来是有声的，我们也可以发出一个无声的陪伴它。这种无声与有声的子音，可以一对对的排列如下：

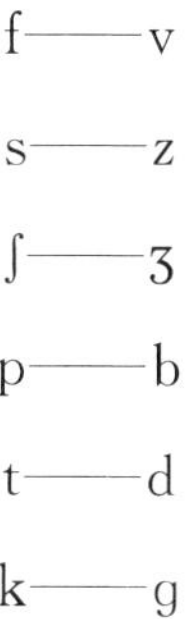
f——v

s——z

ʃ——ʒ

p——b

t——d

k——g

45. 子音虽然可以一对对的相配，却未必是同在一种语言之中的子音，都能整整齐齐的配起对来；往往有某种语言中某一子音之配偶，不存在于本语言中而存在于别一语言中。有如法语中的[j]是有声的，它的无声的配偶[ç]，不存在法语中而存在德语中；例如“ich”（我）“nicht”（不）两字中的“ch”。

又往往有一种子音，大家以为它在本语言中是没有配偶的，实际上它却好好的有个配偶，只是不大露面。例如法语中的[l]是有声的，若然有人发一个无声的[l]，大家都不免以为奇怪。但在实际上，我们说“peuple”（民众）“boucle”（扣环）等字时，其“l”是的的确确无声的。我们若将前一字与英语的“people”（民众）相比，将后一字与德语的“buckel”（驼背）相比，我们立时可以看出极显明的区别。我们的音标中，没有把有声的[l]与无声的[l]分作两个不同的符号。但在必要时，我们可以应用这两个附加符：[。]表无声，[v]表有声。这样，前面几个例字的声音，就可以标出的如下：

pœpl̥——bukl̥

piːpl̬——bùkl̬

46. 声子与气子的区别，在语言的教育上很重要。要是我们法国人能将自己语言中所有的[f]，[v]；[s]，[z]；[ʃ]，[ʒ]等音间的声与气的分别辨认得清楚，他在学习外国语时，就可以沾不少的光。譬如说德语“ich”的“ch”，只须说个无声的[j]（[ç]）便是；说冰洲（Islande）语“hlaupa”（驰）字中的“hl”，也只须说个无声的[l]（[l̥]）便是。

同样，若然别国人能在这上面用些功夫，学起法语来，也就可以省许多事。例如德国人，他若懂得声子与气子的区别，他在发音上就可以排除了一个最大的困难：他可以不再把“pain”（面包）与“bain”（洗澡）纠缠，把“faon”（小鹿）与“vent”（风）纠缠；把“carte”（片子）与“garde”（守卫）纠缠；把“camp”（驻兵处）与“gant”（手套）纠缠。

这声子与气子的区别，凡是教授语言的人，都应当设法使学生彻底明了；即使不能有理论上的明了，至少也该有事实上的明了。如果他没有功夫多在语音上研究，这一点我总希望他不要索性省去了。

47. 如前所说，声门的现象只有开闭两种；开则呼气，闭则发声。但还有一种介于开闭之间的现象：这时候两条声带虽未完全接触，却已并得很拢，因此气流从内部出来，虽未能到冲动声带的程度，却已要用力从声带上摩擦过来，结果是成功了一种强烈的摩擦音。这种的音，我们叫作“耳语音”（chuche）。这耳语音在通常的语言中不大用得，尤其是在我们法语中不大用得。但耳语一件事，是人类所共有的。人在耳语的时候，所有的母音和声子，都变作了无声；因此原来有声分子和无声分子间的区别，消减到了最小度，以致“fin”（完了）“vin”（酒）等字，或不免发生纠缠。不过“耳语”也还可以分作许多种类，不能一概而论。

语言中的节落

48. 语言是声音构成的。我们发出这种的声音来的时候，并不是全体均匀，一无停顿，却依了自然的规律，把它分成一个个的节落；而且在每一节落之中，又可以分成许多的小节落。现在我们先从大节落说起，说完之后说小节落；再以后，便把构成语言的各音素，和音素与音素如何联结的方法，一一分别研究。

气呼的节落

49. 我们知道无论什么人说话，总不能直说不停。所以不能不停，有两层缘故：

第一是因为生理上的需要，不能不停。我们在前文说过（§29），说话时所用的气，乃是从肺中驱逐出来的。可是肺中所藏的气，也有一定的限量；到它用完时，就不得不重吸新气以补其缺。这个时候，我们就不能说话了。

第二是因为语言本身的需要，不得不停。原来我们说话，是要人家懂的；要人家懂，就不得不给人一个能于懂得它的时间。譬如我说，“天气好”，我所表示的只是一个极简单的意思，听的人自然可以一听就懂。譬如说，“今天天气好”，意思已复杂一些了，却还用不着中间有什么停顿，因为听的人还感觉不到什么困难。但如说,“今天天气好,这对于植物的生长上是很有益处的”,这里面我明明表示着两个不同的意义;虽然两者之中有相当的关系,可究竟是两件事,决不是一件单独的事。在我说这话时,我从此一意义,过渡到彼一意义,思想上尽可以直接不停,——因为我未必是看见了“天气好”才想到了“植物的生长”,亦许是先有了植物的观念,再从植物上想到了天气,不过按着语言上排布的便利,把后有的观念转放于先有的观念之前。如此说,在我们说话的人,或者不必一定要在这一句话中插入一个停顿。但为听话的人起见,你总得给他一个时间,使他能于知道你这句话中有两个意义,和这两个意义中间的关系是怎么样。因此,我们不得不在第一个意义表示完毕之后,略略停顿一下。

因有这两层缘故,语言就自然而然的分为许多节落;这种的节落,我们叫作“气呼的节落”(groupes de souffle)。

50. 假使我们语言中的停顿,只单是为着吸取新气起见,那么,这种的停顿,就应当长短大致相等,因为一个人的呼吸的迟速,在通常时是大致平均的。但因为要听的人懂得起见,停顿就不得不有长短的不同。停顿由于意义的转变,而意义的转变,却有大有小。小转变应当停得短,大转变应当停得长。

在我方才所举“今天天气好,这对于植物的生长上是很有益处的”一句话里,第一个意义与第二个意义极接近,因为第二个意义只是第一个意义的逻辑的结果,所以在这两个意义之间,只须小小一停就可以。假使我在这一句话后面加上一句“昨天是下雨的”,情形就大不相同了。因为这新加的一句,虽然在说话的人的精神中,仍与原来的两句有关,实际却已是一个独立的意义。因此,在说出这一句之前，我们应当比较的停顿得长一些，使听的人可以明白在这一个当子里，有一个较大的意义的转变。

因此缘故，气呼的节落是长短不等的。虽然不等，却仍无妨于呼吸。不过节落愈短，则肺中的存气愈多；停顿愈短，则吸入的新气愈少。但我们总可以安排得很好，不使肺气有完全消竭的时候。

51. 照前文所说看来，可见每一个气呼的节落，相当于一个简单的意义；换一句话说，就是相当于一个简单的语句。因此我们可以说，语言中的声音，多少总受着些逻辑的支配。这话是不差的。但有时候，我们也把两个或三个简单的意义，连接为一起，中间并没有真正的停顿，只是把音调变一变，或者是把前一句的末一字延长一点，甚至于什么都没有变。这种的现象，往往见于极流熟的谈话里，就是在我们同最相熟的人，说最平常的话的时候。与此相反的，乃是在演说或朗诵中，往往有把一个简单的语句，分割作两三截的时候。

只是在“普通慢说语”（§9）中，语音的节落与逻辑的节落最为符合。

52. 在普通的文字里，有句读符号以表示语言的节落。照着定例说，（，）号是表一个最短的停顿，（；）号或（：）号长一点，（．）号最长。可是这种的定例，并不绝对真确：最显然的是（，）号并不必表示一个停顿，有时只表示一个声调的变换（§169）。

53. 读前文读得很仔细的人，到此地要向我提出一个问题来了：究竟字与字的中间，有停顿没有？如其没有，为什么一个个的字分开写着，中间清清楚楚留着些白纸？

我们在习惯上，总以为语言是一个个的字连缀起来的。所谓字，乃是意义的单位，我们可以把它连起，也可以把它拆开。因此在普通文字中，字与字间都留着些白纸，以示各单位的分界。既如此，我们也不妨假定，以为正确的读音，在字与字之间，应当有一个极短极短的停顿，与文字中所留出的白纸相当。

54. 但在实际上并不如此。非但字与字之间并没有停顿，而且字与字间的界限，在语言的实质上，简直全无作用。所谓字，只是逻辑的单位，并不是语音的单位。譬如我们细心听一句不懂得的外国语，我们尽可以把这句话中的声音分析得很正确很详细，却决没有方法可以断定它中间有多少字，并某字是从何处起，到何处止。要做到这一步，就非懂了这一句话，再在别方面用参证比较的功夫不可；由参证比较所得到的逻辑的单位，就是字，其分界处又未必恰恰相当于语音的单位的分界。

55. 这最后一句话若然只是很简单的一说，一定有人以为非常奇怪。但若仔细一推究，马上就可以见出它的真处。我现在举出几个例来证明，或者不至于全无用处。

在我们法语中，“联诵”(liaison)与“截尾联诵”(élision)两件事是很平常的。这两件事，目的只在于减少语音上的障碍，使字与字直接过渡中间，没有丝毫的停顿。除此之外，更没有别种理由。假使我们一定要在字与字间有个停顿，那么，在“nous allons”(我们去)两个字中，我们或读为[nu，alɔ̃]，或读为[nuz，alɔ̃]，都是很容易的；可是在“l'homme”(人)两个字里，你若要读[l，ɔm]，就比读[lə，ɔm] (le homme)难得多了。所以在事实上，字与字间一有停顿，联诵便立时消失。联诵错了，乃是再可笑没有的一件事。譬如你将“C'est une idée”(这是个意见)一句话说成了[sɛt，ynide]，人家当你是气喘了！

56. 再看一般不甚读书的人和小孩子所写的字，错得最多的地方，往往就在这字与字的分划上；例如把“J'y ai bien pensé”（我已好好想过）写成了“Giait ben pensé”；把“notre père, il marche assez bien”（我们的父亲，他走得很好）写成了“notre père, il marche a sait bien”；把“Je suis sage avec mademoiselle”（我同姑娘在一起是乖乖的）写成了“Je suisaze avecmane moisel”；把“vingt sous de pain et de lait”（二十铜子的面包跟牛奶）写成了“vin soud pin edlè”。

诸如此类，可以证明写这些字的人，在语言的逻辑的分析上，极不发达；他们写字时，一面虽然也想把所读过的几本书上的字当作指导，大部分却是依据着自己口中所说的话直写。若然在语言中，字与字间的区划也同在文字中一样的严重，或者说，字与字的分界，在语言的实体上也有密切的作用，这种的错误就当然没有了。

57. 非但如此，便是那一种玩弄语音的游戏，我们唤作“calembour”的，也就无从做起。譬如“le roi du Népaul”[lərwa dynepoːl]不会纠缠作“le roi d'une épaule”；“Lapin 7”[lapɛsɛt]不会纠缠作“la pincette”；“Pourceau 6”[pursosis]不会纠缠作“pour saucisses”；而 Marc Monnier（1829—1885）的——

Gal, amant de la Reine, alla, tour magnanime,
Galamment de l'Arène à la Tour Magne, à Nìmes

这两句游戏诗，就做不起来了。

58. 在最古的铭刻中或写本中，字与字并不分开，只是一连写下。这件事在各种语言中都一样。把字分开写,乃是到了研究文法以后才发生的一种新现象。这新现象发生以后,虽然大家照样改良,却未能马上全体一致。所以在中古的写本中,我们还常可以看见有许多人为节省羊皮纸起见,把许多字连写在一起;又从此行转入彼行时,分割字体,也全无规律。例如拉丁文中"de terra"(地的)两个字,有人写为——

· · · · · · · · · · · · · · d & er

ra · · · · · · · · · · · · · ·

很可以表明这抄写的人,完全不知道语言中有逻辑的节落和各字的起讫。

59. 话虽这么说,我们可不能因为语音的节落未必符合于逻辑的节落,就说它俩永远没有符合的时候。在我说话时,若然要在一句的半中停顿一下,无论这停顿的原因是什么,其停顿处总一定在某一个字的末了,决不在半中。又语言中的声调,重音,长短等,或在字端,或在字尾,也有一定的规则。因此我们可以说,语言中语音与逻辑两方面,关系是很深的。不过虽是如此,我们总不能就把逻辑的单位的定义,当作语音的单位的定义。

这逻辑的单位与语音的单位两者间偏差的多少,并不是各种语言中都一样:有的偏差得很多,有的就很接近。有如我们法语中,"les zônes"(地球上之气候带,多数)与"les aunes"(古尺度名,多数)的声音都是[le'zo:n],说起来简直没有什么分别。英语中的"a name"(一个名字)与"an aim"(一个目的)就可以分别的很清,因为一个读作[ə'neim],一个读作[ən'eim]。在德语中,凡是有母音当头的字,说起来字前总有一个声带阻[ʔ],因此有许多字,可以清清楚楚的听得出它的开首处来。在冰洲语与捷克语中，凡是重要的字的开首一个切音，总用重音，所以辨听起来尤为容易。在芬兰语与匈牙利语中，凡是一个字中有两个以上的母音的，则各母音间必有条理可寻。在洽古脱语中，这种母音间相互的关系，尤为明显整齐：凡前一母音是什么，后面的母音也就跟着它走；例如“父亲”是[aga]，“小孩”是[ogo]，“熊”是[æsæ]，“机轮上的皮带”是[dœrœ]，这四个字的多数字是[agalar]，[ogolor]，[æsælær]，[dœrœlœr]。

洽古脱语中字与字间的界划，即使我们不懂得它，也很容易断定。法语可大不相同：它是最宜于玩弄语音游戏的一种语言。

分量的节落

第一　力的节落

(甲) 气呼的力

60. 无论取那一个气呼的节落来研究，我们可以看得出这一个节落中的各部分，其分量并不相等；换句话说，就是有些部分刺激耳鼓的力量大，有些部分刺激耳鼓的力量小。若然有一个人在那里说话，我们听的人站得远些，我们必定觉得中间有许多音是听得清的，有许多音就很模糊，或者竟是完全听不出，使语言不复连贯。到我们站得近了，自然是个个音都能听得清了，但各音间的分量并不相等。

61. 譬如我说这样的一句话：

L'animal qui s'enfuit en courant

(奔逃的动物)

句中"mal","fuit","rant"三个音,听起来无论如何总比其余各音分外清楚。这因为我说到这三个音的时候,我将我肺中的气,比较的加力压出;气一强,所成的声音自然也跟着强了。

这样在一个语句中某某若干音上特别加强的力,叫作"相对力"(force relative)。相对力与一个语句中所用的"总力"(force d'ensemble)不能混作一谈。即如这"l'animal qui s'enfuit en courant"一句话,我可以尽着嗓子喊,也可以模模糊糊的呢喃,但无论如何,我总是不知不觉的将"mal","fuit","rant"三个切音比其余各切音说得分外强。(直到现在,我们还没有能讲到"切音"一个名词的定义,但读者不妨姑照相沿的旧说看下去。)因此我们可以说,这三个切音上所用的"绝对的力"(force absolue),虽以语句全体所用的总力为断,而它与其余各切音比较时,它总是"相对的强"(relativement fortes);其余各切音,便是"相对的弱"或"相对的中和"(relativement faibles ou moyennes)。

62. 要分析语句中的强弱,将强弱度一丝不错的正确表出,乃是一件了不得的大工作。幸而各种语言中,都有一定的"音节"(rythme);依着音节的定律去找寻各切音的相对的强弱,就可以省事得多。所谓音节,是说在语句之中,各切音的强弱交错,常有一定的规则。譬如一个节落中有三个切音,若然第三个切音是强的,则第一个一定是中强,第二个一定是最弱(若然在字义上没有特种情形,可以增加第二切音的力量),例如法语中的"animal"(动物),"voulez-vous?"(你要不要?)"tu comprends"(你懂得)等。在这种情形之下，我们也就用不着去找寻切音与切音相间处的强弱度，因为在这种相间处上所有的相对力，往往受前后两切音之支配。——但有时也可以碰到一种较繁的音节，乃是两强与两弱相参。

63. 在我们用耳朵听音的时候，往往有一种自然的趋向：就是将强音当作主体，而将其附带的弱音当作附体。即如在“L’animal qui s’enfuit en courant”一句之内，气流一贯而出，并未停顿，而听的人总觉得可以把它分作三截：

L’animal　　qui s’enfuit　　en courant

因有这种的现象，所以我们在语音学上，又添了一个划分节落的方法：我们把气呼的节落，更分为“力的节落”(groupes de force)。所谓力的节落，即是一节的声音，中间有一个强音作主体。

64. 每一个力的节落，通常是两个字或三个字的合体；这些字在意义上连接得极紧切，其中有一个字，比其余的更重要。

语音上所分划的力的节落，与做逻辑的节落的字，有很大的关系。把许多字合作一个力的节落是有的，把一个字分拆作两个力的节落，却几乎从来没有过。

在说话说得很慢的时候，每一个力的节落，可以变成一个气呼的节落。

在单举一个字的时候，它独自造成一个力的节落，同时也是一个气呼的节落。

65. 若取最严密的态度标音，应当把每一个力的节落划作一段，当作一个单字，有如

lanimal　kisɑ̃ˈfɥi　ɑ̃kurɑ̃，

而气呼的节落则用读(,);停顿短的用单读,长的用复读,或用三复读。但在实际上,为便于教育起见,一般的标音文字,还保存着普通文字的法式,逐字分段;所用的句读符号也是普通的。

(乙)重　音

66. 前文说过语句中的各切音,可分为强,弱,中和三种。强切音最重要,因为必须有了它,才能造得起力的节落来。

通常称强的切音为"重音"(accentués),其余为"平音"(inaccentués)。

67. 在标音文字中,强切音之前用[ʹ]号表之;必要时,弱切音可表以[-]号,中和切音可表以[ꜝ]号。但在实际上,有了一个[ʹ]已很够。遇到特别强的切音,可用[ʹ]号。

我们方才所引用的语句,可写为——

ꜝla-niʹmal　ꜝki-sɑ̃ʹfɥi　-ɑ̃ꜝkuʹrɑ̃,

或者写得更简单些,把原来的字的分划也保存着,——

L aniʹmal　ki　s　ɑ̃ʹfɥi　ɑ̃　kuʹrɑ̃。

68. 我们所说语言中有强,弱,中和三种切音,并强弱交错而成力的节落的现象,是一切语言中所共有的。所不同者,是强弱间的安排法;换句话说,就是强音所处的地位,和强弱间的等差。下文便在这上面研究一下。

(丙)正则的重音

69. 所谓"正则的重音"(accentuation normale),即是在极平淡的话语中自然表露出来的重音。

在这种的话语中,有许多音常是强的,有许多音常是弱的。但到各字分读时,有如我们从字典中举出某字某字来告诉人的模样,

则虽在平时话语中很弱的字,也可以能有相当的强度。这样的强,我们也可以归并在正则的重音里算。

70. 在法语中,正则的重音比较的不甚显著;强切音与弱切音间相差的分量,没有像在德语中那样的多。因此外国人学习法语,诵读时竟不妨常取均和的态度;不要在弱切音上读得太轻,也不要在强切音上读得太重。

71. 但我们并不能说法语中简直没有轻重的分别。在一个力的节落之内,总是末一切音最强;但假使这末一切音中有一个[ə]字母,那就应当是它前面的一个切音最强。(这里所说的切音,是的的确确读出来的切音;有许多具有切音的形式而实际是哑的,当然不算。)

因为法语中,许多意义相连的字,连接为一起而造成一个力的节落时,通常总是末一字较为重要,所以我们也可以说:在一个用普通态度所读出的语句里,凡是重要的字的末一切音,总是重音。

至于单读的字,都个个可以当作重要的字看,其重音也自然总在末一切音。因此我们可以说:凡是用普通态度读出的单字,其重音必在末一切音。

法语中的重音在末一切音,可用小儿语来证明。小儿学语时,不能说一个长字,便单说末一切音,或更将这末一切音变化些,例如说“bouton”(钮子)为[nɔ̃],“éléphant”(象)为[sɔ̃],“regarde”(看)为[daː]。有时更将这末一切音或末一切音的转音重叠起来,例如“musique”(音乐)为[didik],“serviette”(洗面巾)为[jɛjɛt],“Madeleine”或“Hélène”(均人名)为[nɛnɛn],“Marguerite”(人名)为[gigit]。

72. 别种语言中重音的情形,与法语中不同。譬如在意班葡三种语言中,轻重间的区别,就比在法语中明显得多;又其重音,虽然也可以在一个单字的或一个力的节落的末一切音上,像在法语中一样,但也可以移到前面的两个切音上去。例如——

[意语]:vir′tū(德);a′more(爱);a′mabile(可爱);pren′devano(他们取了)。

[班语]:a′mor(爱);a′migo(友);′arboles(树)。

[葡语]:a′mor(爱);a′migo(友);le′gitimo(合法律的)。

这种的现象,在罗马语族的他种语言中,都很普通;便在法国南部的方言中,也可以找到同样的例,有如 Béarn 语中的

[be′tɛt](小牛肉);[′ɔmi](人);[′krabo](山羊)。

73. 在罗马语族各种语言中所有的同源字中,其重音所在之处,往往相符;虽然也有例外,却是很少。例如"友"字在法语为"a′mi",在意语为"a′mico",在班语为"a′migo",在 Béarn 语为[a′mik];"爱"字在法语为"a′mour",在意语为"a′more",在班语为"a′mor",在 Béarn 语为[a′mu];"苦"字在法语为"′pauvre",在意语为"′povero",在班语为"′pobre",在 Béarn 语为[′praube]。

这些字中的重音,仍旧保存着原来拉丁语中"amīeum","amōrem","pauperem"三个字的重音;所不同者,法语中重音以后的一个切音是消减了,其余的语言中可还保存着一部或全部。

74. 在此等语言中,我们可以看出一个字中的重音所处的地位,并不与这一个字的主要切音发生密切的关系;到得这字发生变化时,重音就跟着变化走,不跟着某一切音走,例如法语的"je ′prends"(我取),"nous pre′nous"(我们取);意语的"′credo"(信

仰)，“cre'devo”(信，过去)。

75. 在德语中就不同了。所有的重音，都应当读得很重；而且重音所处的地位，永远在一个字的“字根切音”(syllabe radicale)上，无论这字在语句中所处的地位是怎样。

因此，无论一个字有怎样的变化，其重读切音永远不变。在法语中该说“tu 'tiens”(你持)，“vous te'nez”(你们持)，在德语中却该说“du 'hältst”(你持)，“ihr 'haltet”(你们持)。

非但同一个字不因变化而变其重音的地位，便是各同源字中的重音，也总在同一切音之上：例如“'wunder”(惊奇)，“'wunderbar”(奇怪的)，“'wunderlich”(怪异的)，“ver'wundern”(惊骇)，“be'wundern”(惊喜)；“'mühle”(磨)，“'müller”(磨工)，“'müllerin”(磨工妻)，“'mahlen”(磨)；“'zahl”(数)，“'zählen”(计数)，“be'zahlen”(付钱)，“'zahlbar”(可计算的)。

76. 这个规律简直没有什么例外，只有有限几个副规律可以使它稍稍变化一点。最重要的一个副规律，就是在联合二字以为一“合字”时，按照德语的习惯，应当把第一字处于形容位，第二字处于被形容位。分别说来，这两个字各有各的重音，联合后仍应照样读出；实际一到联合以后，只第一字的重音保存着，第二字就从重音变成次重音，例如“'wind 'mühle”(风磨)，“'gross ˌvater”(祖父)，“'unbe ˌkannt”(未知)。

因为在简单的字中，字根往往在第一切音，所以在德语中，几乎是最大多数的字，都把第一切音重读。若在第一切音之前更有一“前置节制词”(préfixe)，则重读仍在字根切音之上。例如“ge'birge”(山)，“ge'ruch”(香味)，“ge'bieten”(分付)，“be'ginnen”(开始),“be′deuten”(通知),“ent′springen”(跳出),“zer′reissen”(撕破),“ver′sprechen”(允许),“ˌüber′tragen”(运送)。有时把重读的地位变换了,字义就跟着变换。例如“über′setzen”是“翻译”的意思,“′übersetzen”是“跳越”的意思。

77. 上方所说德语中的那种情形,在其他诸同族的(即是同属日耳曼语族的)语言中,有如荷兰语,丹麦语,挪威语,瑞典语之类,大致是相同的;即不能尽同,也没有多大的变化。在冰洲语中,情形又小有不同:无论如何,重音总在第一切音。例如“fyrirgefa”[′feːrer ˌɟɛːva](饶恕)。

78. 英语虽然也属于日耳曼语族,其重读法却与一般的同族语不同。在原始英语中,即是在最初的盎格罗撒克逊语中,就借用了极多数的法国字。因有此种缘故,所以英语中的重读,显然的分为两种。一种是英语中原有的字,其重读是遵守着一般日耳曼语族中的通则的。例如“earth”(地),“′earthly”(地的),“′earthen ˌware”(陶器),“to un′earth”(掘发)。如有两字相合,以前一字决定后一字之意义者,其规则不变。例如“′wind ˌmill”(风磨),“′houseˌtop”(屋顶)。如字前有前置节制词,其规则亦不变。例如“be′come”(变为),“for′give”(恕)。但英语中原有的字,大都是很短的;虽然短,却也应当重读。因此就有了许多重读的单切音字。这一层,却是英语中的特别处。

79. 至于从法语中借来的字,情形就不同了。它或者是保存着原来法语中的重音系统;或者是将原来的重音,多少向前面移动一点;但这种的移动,是没有一定的规则的。因此往往有许多同根

的字，其重音的地位，完全不同。例如“ˈadmirable”（可赞美的），“adˈmire”（赞美，动），“admiˈration”（赞美，名），（凡用“-ation”结尾的字，其重音均在末了第二个切音）。有时候同是一个字，要看它是名词或是动词，应看它重读上的区别。例如“ˈrebel”（叛党）是名词，“reˈbel”（叛乱）是动词。

但是，若然一个字的根源是向法语中借来的，而后来所起的变化，却是英国式的，那就又要适用日耳曼语族中的重读通例了。例如从“adˈmire”上生出的“adˈmiring”；从“joy”（快乐）上生出来的“ˈjoyful”（快乐的），“ˈjoyfully”（快乐的），“ˈjoyless”（不快乐的），“enˈjoy”（享乐），甚而至于“ˈjoyous”（快乐的），虽然这“joyous”一个字，乃是从古法语中“joyous”一个字上来的。

此外还有一件事，应当附加说明，就是在英语中，有一种“相等的重读”（accentuation égale），换句话说，就是两个重量相等的重音，放在一起。例如“ˈunˈknown”（不知），以及其余许多用“un-”做前置节制词的字；又“ˈplum ˈpuding”（葡萄干布丁）亦可归入此类。这一种情形，是日耳曼语族中别种语言所没有的。

（丁）正则的重音所受的节制

80. 前文所说，都是正则重音；正则重音可因种种不同的理由，而受到相当的节制。归并起来说，这种的节制有两大类：第一类起于加力的原则（principe d'emphase）；第二类起于音节的原则（principe rythmique）。

1. 加力的原则

81. 我们说话时，假使对于某一意义，因为某种缘故，要使人特别注意，则所发的声音，必定在代表这一个意义的一个字上，特别加重些。例如：

Ce n'est pas ″toi qui as fait ça, c'est ″moi.

（那不是你做的，是我做的）

Ce jeune homme, pour′moi, c'est le ″frère entre les ″frères.

（这个少年人之于我，是弟兄中的弟兄）

有时候因为加力的关系，把原来重音的地位变换了。例如法语中的多切音字，通常总是末一切音重读；但在下面一句句子里，情形就不同：

Il faudra se ″sou′mettre ou se ″dé′mettre.

（那应当是服从，或者是辞职）

也有时候，某一字在某一节落中，本来应当是弱的，却变作了强的：

C'est ″très ′bien.（那很好）

C'est la ″même per′sonne.（就是那一个人）

C'est ″pas ′vrai, ce que tu dis ′là.

（那不是真的，你那么说）

在这几个例句里，我们可以看得出原来的重音，并没有变弱：它仍保守着它的正则的强度，不过另有原来比它弱的音，特别加强，超过了它便了。

82. 这种情形，在别种语言中也大致相同。例如“那是我做的”一句话，法语中是“C'est ″moi qui l′ai ′fait”，英语中是“″I ′did it”，德语中是“″ich hab′es ge′tan”，意语中是“l'ho ′fatto ″io”。法语中“″don′ner et ″pardon′ner”（给与宥）一句话，也与英语中的“″give and ″for′give”，德语中的“″geben und ″ver′geben”恰恰相符。

83. 若然一个字中有许许多多的切音,而这许许多多的切音之中,并没有那一个切音比其余诸切音更为重要,那么,这就不能一概而论了。这要看是那一种语言:种种不同的语言,有种种不同的情形,我们无从强为订一通例。

84. 但是,在大多数的语言中,这种的加力,情状还是很简单的。加力的地方,并不是某一字中的某一切音,而是某一字的全体;因此,即使是一个弱切音,说起来也比较平时要强一点;但是,无论如何,那原来就有正则的重音的资格的切音,此刻总只是再往强里增加,并不往弱里减退;而且,虽然一个字的全体都已加强了,其能引人注意,表显全字的性格的部分,仍旧是那原来就是重音而现在又特别加增的一个切音。例如德语的“Ich hab' es nicht nur ge″sagt, sondern auch ge″tan”(我不但说,而且做);——英语的“My ″father never told me; my ″mother did”(我父亲从来没有告诉我,是我母亲告诉我的);——意语的“non mi di″verto, la″voro”(我不取乐,我做工)。在这些例里,都是原来的强切音,现在变作了极强。

85. 在法语中可不是这样。法语中非但有加力一件事,而且还有重音变换地位一件事。原来的强切音,大都保守着原来的强度,甚而至于竟可以变弱一点,而别一切音,平时并不强的,此时却可以变得极强。例如 incro′yable(不可信的)可以读成[ɛ̃ː″krwa-jabl];impos′sible(不可能的)可以读成[ɛ̃ː″pɔsibl];misé′rable(凄惨的)可以读成[″mizerabl]。

86. 这特别加强的,究竟是那一个切音呢?这可没有一定的标准。往往同是一个字,这一个人读了,加强的是这一个切音;换一个人读了,加强的又是别一个切音。而且,即使同是一个人,因为说话时的情况不同,所加强的切音,也可以跟着变换。就普通的习惯中订出一个条例来,则:被加强的,是字首第一切音,而这切音可又是用子音起头的。例如:

le ′misérable,(那可怜的人)

c'est ′parfaitement vrai,(这完全是真实的)

quelle ′barbarie,(多么野蛮)

mais c'est im′possible,(那可做不到)

c'est ab′solument faux,(这绝对是假的)

quel im′bécile。(多么蠢)

在这上面,声音的长短也很有关系。凡是长切音,总比较容易加重些:试比较"bâton"(棒)与"baguette"(小棒)二字。

假使要把用母音起头的字首第一切音加重,就不得不把前一字的末一子音也加重,而将两者"联诵"起来,有如把"c'est horrible"(这是可怕的)读成了[sɛ″tɔribl],这在逻辑上又说不过去了。〔不过在事实上,也尽有人说这一类的话,例如我的老师 Merlette 先生,在下堂时提高了嗓子说:[sɛ″tɛksɛsivmɑ̃ fa′sil]"c'est excessivement facile"(这是再容易没有的了);又有文献学校的教授 Montaiglon 先生,也常说[sɛt ″ʔapsɔlymɑ̃ vrɛ] "c'est absolument vrai"(这绝对是真实的)一类的句子。——此等事实,均可以证明重音有加于字首第一切音之趋向;惟第一切音以母音起头者,若要照样加重,在逻辑上总有点说不过去。〕不过,要是这种的切音处于一句的开场,前面并无子音可以"联诵",则诵读起来,往往变成了下面两个例句中的形式:

ʹImpossible, mon cher,ʹimpossible!

(做不到,我的亲爱的,做不到)

ʹAu fond, il nʹa pas tort.

(彻底说来,他并不错)

用两个母音起首的字,也可以援用这一个例,有如"aérien"(空中的)这一个字。有时候,因为事实上的必要,也可以在说完前一字之后,略略停顿一下,使联诵不能成立;我们诵读两切音而以母音开头的字,往往用这一种方法。

87. 在法语中,往往因加力的缘故,把字的重音的地位变换了。有好多字,竟是用正则重音的时候反比较少些,用变相重音的时候反比较多些:例如副词中的"ʺbeaucoup"(许多),"abʺsolument"(绝对),"exʺtrêmement"(极其);形容词中的"ʺterrible"(可怕),"inʺcroyable"(不可信),"éʺpouvantable"(非常的),"ʺridicule"(可笑的);名词中的"ʺbandit"(盗匪),"ʺmisérable"(苦人);动词中的"ʺpleurer"(哭),"ʺcrier"(呼号),"ʺhurler"(叫嚣);尤其是情感词,如"ʺanimal"(畜生),"ʺcochon"(猪),"ʺsalaud"(肮脏贼)之类,——总之,凡是带着浓烈的感情所说的字,都是如此。若然把这些字用在单举的时候,或者是用在不带感情的语句之内,那就要照着正则的规律,把重音放在末一切音之上。〔有一个很好的例,可以证明这一件事。在许多小孩互相吵骂着"ʺanimal,ʺcochon"(畜生,猪)的时候,你若拉一个到旁边来,一壁责备他,一壁问他骂的是什么,他就改变了声口,照着正则的重音说:"Je lui ai dit coʹchon."(我骂他是猪)〕

88. 我们应当注意:这种非正则的,因变换地位的结果而造成

的重音，比正则的重音更强。因此有许多没有受过语言学上的陶镕的外国人，往往误以为法语中的重音，不在字末一切音，而在字首一切音。

89. 法语中还有一种加力法，就是把一个重要的字里的所有的各切音，一起读作相等的重音〔有如英语中读“′un′known”（未知的）一个字一样〕，例如：“avant tout, il te faut ′tra′vail′ler”（最重要的是你应当作工）。

不过这种方法用得很少。

90.（附注）——因加力而将重音的地位变换，是标准法语（看§8）中的现象。在方言中或土语中，却未必一致如此。如果我们细细调查，看这现象究竟流布到怎样的程度，也是一件很有趣味的事。就我所观察到的说，在 Ezy-sur-Eure 的土语里是有这种现象的，在 Vosges 的土语里就不大有，就是有，情形也并不一样。在 Béarn 的土语里，重音永远保守着正则的位置，只是在加力的时候，另把字首第一切音说重些，作为副重音。在 Mérindol 的方言里，据我看来，这重音变换地位一件事似乎并不普通；在 Vandois 的方言里可是普通的，不过变换的方法，并不与我们完全一样，有如我们说的是“ex′cessivement”（过度的），他们可说成了“exces′-sivement”。此外，我觉得意大利语及冰洲语中，重音的地位也是变换的；在古法语中，也可以找得到一些痕迹。（译者按：此节所谓“土语”，是译法语中的“patois”一个字，指地方语之语法与用字，与正则法语相差甚多者；至于“方言”，就语法与用字两方面说，仍旧与正则的法语相同，不过读音上有些歧异便了。）

91. 加力，或者是因加力而将重音的地位变换，其发生必在于

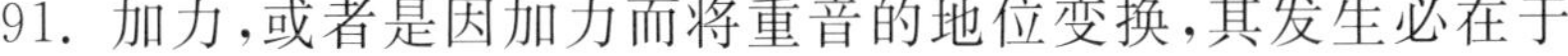

我们有浓烈的感情的时候，或者是，在我们要感动别人，劝说别人，制服别人的时候。所以，这在普通的谈话中是很常见的；在辩论中，在讲授中，在活泼的演说中，也是很常见的；在朗诵中及学院派的讲演中，就非常稀少。

加力在法语及意语中所占的地位，较在各种日耳曼语中尤为重要。要是把我们的正则重音和英德语中的正则重音相比，那是我们的弱得许多；要是把我们的加力重音和它们的加力重音相比，可又是我们的强得许多了。

2. 音节的原则

92. 我们已经说过（§62），语言中的强切音与弱切音，有一种互相间错的倾向。这一种倾向，在长一点的字里尤其容易感觉得到，有如在这样的一个字里："Nabucodonosor"（人名）。把这一个字读起来，有几个切音强，有几个切音弱。可是，按着逻辑说，强的没有应强的理由，弱的也没有应弱的理由。所以我们在这上面，只能就无理可解的音节，作一种机械的研究。

93. 音节不但在单个的长字中可以有得，便是在许多字所连合而成的一个节落里，也可以有得；所以语句中原有的正则重音或加力重音，有些时是省去了，有些时是变换了。

94. 音节在法语中所占的势力是很大的。我们先把这两句话比较一下："l'ami de Pierre"（Pierre 的朋友），"l'ami d'Alfred"（Alfred 的朋友）。就逻辑上说，这两句话完全是同形的，所以我们理想中，以为两个"l'ami"，都应当读作[-la′mi]。实际上，第一句中的"Pierre"是个强音；因其是强音，所以音节的原则，就发生了作用，它把全句的读音，变成了这样：[′ la-mid′ pjɛːr]，和读

“animal”为[ˌa-niˈmal]的形式相同。有时候,也可以取一种均和的方法,把第一第二两切音的轻重,读得大致相等。至于第二句,却与此相反,读起来是清清楚楚的[-laˈmi-dalˈfrɛd]。又如“le roi Jean”(约翰王)与“le roi Guillaume”(威廉王)两句,诵读时,也有这样的分别。

95. 基于音节的原则而发生的重音上的变化,对于语言的体材上,也很有关系。前文所说的由加力而发生的重音上的变化,其目的在于把话句中所含有的重要的字,表显得分外清楚,因而使话句的意义,更为明白。这由音节而发生的重音上的变化,情形恰恰相反:这种的变化愈多,则话句中所含有的重要的字,便愈不能有特别显明的机会,因而话句的意义,愈不能充分明了。这种的变化,在朗诵中是很多的;其尤多者乃是在把记诵得烂熟的句子,机械般的复诵出来的时候,有如街上的叫唤声:

ˈdeux sous ˈla vioˈlette!

(两子儿一朵紫堇花!)

v'la l'ˈfontaiˈnier! v'la l'ˈrac'moˈdeur de ˈrobiˈnets!

(修水管的来嘿! 修龙头的来嘿!)

有时候,同是一个人,说同样的一段话,因为情感不同,其重音变化显然分为两种:一种是基于音节的原则的,一种是基于加力的原则的。例如教士讲经,在翻开书本,读给大家听的时候,他的声音就完全受音节的配置:

ˈles paˈroles de l'Eˌcriture ˈˈsainte que nousˌméditeˈrons avec ˈl'aide de ˈˈDieu se ˈlisent...

(圣书上的话,我们现在要借着上帝的帮助研究的,是这样

说……）

到他读完了经文以后，用自己的说话来解释，他的声音就变换了：他所用的重音，就完全以字义的重要与否做标准；因为这个时候，他的目的已不在于要人家听，而在于要人家懂了。

96. 因音节的关系而使重音上发生影响，这是各种语言中所共有的一个现象。而且，每当一个长的字受到音节的支配时，它里面所包含的轻切音，就变作了相当的强切音，这也是各种语言中所共有的一种倾向。试以英语中“fellow”[ˈfɛ-lo]（人）一字与“buffalo”[ˈbʌ-fə ˌlo]（水牛）一字相比，或以德语中“unnütz”[ˈun-nyts]（无用）一字与“unverschämt”[ˈun-fər ˌʃɛːmt]（无耻）一字相比，就可以证明这一个事实。但是，若然要把原来的正则重音或加力重音改成轻音，却只有一种语言能够做到：这种语言里的正则重音必须是很弱的，加力重音必须是很不固定的。这是法语中独有的现象。所以，在别种语言里，至少是在别种语言的散文里，我们找不到法语中所有的因音节而发生的那种变化。

但是，在威尔斯语里，却也有这样的一种情形。这种语言里的重音，照例在次末一切音。但是，假使是一个双切音的字，位置于一个单切音而又重读的字之后，则原来次末一切音上所有的重音，就可以移到末一切音上，例如把“ˈPort ˈMadoc”（城名）读成了“ˈPort Maˈdoc”。这种读法，在祷告中尤为习见，例如“ˈO Arˈglwydd”（啊，救主）“Ein ˈTad neˈfol”（我们的天父）。

语言中的音节——诗律

97. 要使语言中有整齐的音节，并不必牺牲原来的正则重音或加力重音，只须把所用的字，好好的选择，好好的安排，使话句构成之后，其强音与弱音，自然而然的参错适当，虽然未必能完全适合于音节上的要求，却也大致不离左右。这种调节的工夫，在无论哪一种语言里，多少总要用得着一点；所以这一件事，可以认作语言的本能中的一件事。因其是语言的本能中的一件事，所以句法(syntaxe)上和文法的变化(flexion)上，不免要受到它一些影响。

譬如我们说："Il a parlé longtemps"(他说了好久)，"Il a bien parlé"(他说得好)。为什么在第一句之内，副词"longtemps"位置于动词"parlé"之后，而在第二句之内，副词"bien"又位置于动词"parlé"之前？这是因为假使我们要说"Il a parlé bien"，一句中就有了两个强音在一起(-lé 与 bien)，如果我们不把"parlé"一字中的重音变换地位，则全句的音节，就只能置之不问。与此类似的例，当然还有许多。

98. 在通常的谈话中，这按照音节选配字句一件事是不必很注意的；在庄重的话语中，尤其是在公开演讲中，可就该注意了。有许多演说家，能够把字句配合得异常适当，使重音与重音间的距离，永远是大致相等，使听的人，自然而然的感觉到调匀与优美。

99. 在韵语中，这音节问题更是重要到了万分了。近代语中的所谓诗——讲音量的古语诗(les vers quantitatifs des langues classiques)，现在暂且不说——其中所包含的主要成分，只是许许多多的长短大致相等的"力的节落"；而这力的节落的数目，可又是一定的。因此，如果我们要一首诗的音节能够顺耳，这就是说，如果我们要一首诗能够像得一首诗，我们应当——而且只须——一面诵读，一面按着相当的快慢点板；要是诗中每一个重音，都能落在板上，那就是不错(诗中最重要的是音节，至于押韵及双声叠韵等事，只是装饰品罢了）；例如：

Le 'jour n'est pas plus 'pur que le'fond de mon 'Cœur.

（天光不比我的心地更纯洁）

100. 这是诗律中的一个通则；到应用起来，自然有种种不同的变化；而且有时候，可以变换到相当的程度。这里面的理由是很复杂的：第一，每一种语言，必自有一种的特性，亦许按着它的特性说，拘泥着这通则做去，反不甚好；第二，每一个诗人，必自有一种的脾胃，他要改变就改变了，无从用通则去限制他；第三，有许多诗人，对于音节的性质，并没有研究得清楚，只依着他自己所想象的条件做去，同时他又自以为已经学像了相沿下来的某一派，而这某一派之所以能成立，却又是说不出理由的。

101. 英国诗中最普通的音节，是一个强音与一个弱音互相间隔；其中又分作两种：一种以弱音起，一种以强音起，即所谓"前抑后扬格"（rythme iambique）与"前扬后抑格"（rythme trochaïque）：

The 'shades of 'night come 'slowly 'down,
The 'woods are 'wrapt in 'deeper 'brown,
The 'owl a'wakens 'from her 'dell,
The 'fox is 'heard u'pon the 'fell.

—W. Scott.

（夜的影子慢慢的下来了，
树林子已被更深的棕色包裹起来了，
幽谷里的猫头鹰已经睡醒了，

荒原上已经有狐狸走路的声音了。)

′Tell me ′not, in ′mournful ′numbers,
′Life is ′but an ′empty ′dream;
′For the soul is ′dead that ′slumbers,
′And things ′are not ′what they ′seem.

—Longfellow.

(不要用伤感言词向我说,
人生只是一场空梦;
因为疲痿的灵魂简直是死了的,
而世间万物,也不能求之于形似。)

但是,若然要把话句用最自然的调子读出,而能得到这样一种绝对整齐的音节,那是很不容易的。在事实上,有时候必须依据音节的原则,把原来话句中的重音,酌量改变,或者是,把诗中所需要的音节,酌量牺牲一点。即如上面所举的例里,有好多画着强音符号的字,若换在散文里,都应当读作弱音;而 Longfellow 诗的末一句,若然照着这样读:

And ′things are ′not ′what they ′seem,

虽在音节上是差了些,在逻辑上可是好得多了。

102. 又有一种音节,是两个弱切音与一个强切音相间而成,即所谓“扬抑抑格”(rythme dactylique)或“抑抑扬格”(rythme anapestique):

But, a′las for his ′country! Her ′pride has gone ′by,
And that ′spirit is ′broken, which ′nerer would ′bend;

O'er the 'ruin her 'children in 'secret must 'sigh,
For't is 'treason to 'love her, and 'death to de'fend.

—T. Moore.

(可是,对于他的国,唉! 它的荣名就从此消亡了,
它那不屈不挠的精神就从此打碎了;
它的子孙只能在颓垣败瓦中悄悄的叹息,
因为如果要爱它,就是个叛逆;要保卫它,就只有一死。)

103. 此外还有一种格律,其中弱切音的数目是没有定限的,但在音节上,却并不见得不好,因为在诵读的时候,碰到弱切音多处,可以读得快些:

I have 'read, in some 'old 'marvellous 'tale,
Some 'legend 'strange and 'vague,
That a midnight 'host of 'spectres 'pale,
Be 'leaguered the 'walls of Prague.

—Longfellow.

(我在古老惊奇的平话里,读到了些荒渺无稽的神话,
说一天半夜里,有一队容颜惨白的鬼怪,围攻 Prague 城。)

104. 德国诗中的音节,也大致相同:

Und 'ist es zu 'spät, und 'kann ich ihm 'nicht,
Ein 'retter will 'kommen er'scheinen,
So'soll mich der 'tod ihm ver'einen.
Dess 'rühme der 'blutge ty'rann sich 'nicht,
Dass der 'freund dem 'freunde ge'brochen die 'pflicht;
Er 'schlachte der 'opfer 'zweie

Und 'glaube an 'leibe und 'treue.

—Schiller.

(那么万一是太晚了，

万一我来不及到场做他的救者呢，

那就让我死了和他相会就是了。

这样好教那暴君不能夸说

朋友对朋友的义务也可以打得破，

说他能把牺牲者杀掉了两个

还相信什么爱情和信用。)

在那最有名的，W. Jordan 所复兴的古体史诗中，弱切音的数目，也是同样的没有定限：

Da 'bog sich der 'baum, der 'saal er'bebte:

Auf die 'dielen des 'daches 'strüzten 'donnernd

'Äste der 'eiche;ein 'adler 'schwang sich

'Kreischend em'por aus der 'oberen 'krone,

Als 'stürze den 'stamm ein 'plötzlicher 'sturmwind;

'Qualmender 'rauch ent'quoll der 'rinde

Mit 'lauten ge'zisch, und 'leuchtenk 'zuckte,

Ent'rissen dem 'baum, in der 'rechten 'Sigmunds

Die ge 'waltige 'waffe des 'königs von 'Walhall.

(于是树也弯了，大庭也震动了，

橡树的枝子打在屋顶上像雷声一样的响；

一会儿一阵急风，

许多鹞鹰都从屋顶上翻飞起来，

连树桩也都刮倒了。

浓密的烟雾从树皮中冒出嘶嘶的大响，

一阵火光，树也震裂了。

这恰恰离开西格蒙得的左边不远。

《国王的利兵》 瓦尔哈尔著。）

105. 在法国诗里，我们相信了一向沿袭下来的说法，以为切音轻重的间错，是没有关系的，只是每一行中所用的切音的数目，是有一定的〔但是，在所谓“顿挫律”(la règle de césure)中，也暗含着一种轻重调均的需要，不过不充足便了〕。其实，只须稍稍一研究，就可以证明这一句话并不真确，因为所谓切音的数目有定，只是纸上的事，并不是声音上的事。我们读散文或说话时，所谓“哑e”（“e” muet)，照例是没有音的；到读诗的时候，自然要用心着把它读出来；但无论如何，多少总不免要省去几个，而省去之后，诗的音节仍旧并不破坏。从这里面一想，可见即使在切音的数目真正有定的时候(这就是说，在当初所有的“哑 e”都还有音的时候），也还未必见得单是切音的数目有定这一项，就能构成了音节的全体，因为切音也有长短之不同，并不个个一样；而且切音与切音之间，也往往可以有得长短不同的停顿。

106. 翻过来看，法国诗里的重音，不但每行都有一定的数目，而且排列也很整齐；因此我们可以了无疑义的说，法国诗里的音节，实在在此不在彼；例如：

ˈOui, je viens dans son ˈtemple adoˈrer l' Eterˈnel;

Je ˈviens, selon l'uˈsage anˈtique et solenˈnel,

Céléˈbrer avec ˈvous la faˈmeuse jourˈnée

ˈOù sur le mont Siˈna la ˈloi nous fut donˈnée.

— Racine.

(是，我到他的庙里来敬礼上帝，

我依着往古的庄严的习惯来，

同你赞祝这有名的一天，

就是我们在 Sina 山上接受大法的一天。)

要是因为加力的缘故而有新生的重音，则两个相接的重音，便应当当作一个算；例如下面一句之中，虽然有六个重音，却只算作四节：

C'éˈtait sous des ″hailˈlons que ″batˈtaient des cœurs ˈd'hommes.

—Barbier.

(只是包藏在破烂衣服中的人心跳动着。)

107. 要是某一行诗中所有的强音数，多于或少于前一行或后一行中的强音数，则这两行诗，虽然在写的时候或读的时候的切音数相等，也应当认为格律不同；例如：

ˈDieu! le piˈlote a criˈe; Sainte-Héˈlène,

Et voilà ˈdonc où lanˈguit le héˈros.

—Béranger.

(上帝！领港人呼号着 Sainte-Hélène，

那就是英雄疲痿的时候了。)

这两句中的第一句，其音节与通常的“亚历山大格”(alexandrin)，即十二切音格，几乎相同。

有时候，亦许按着相沿的旧法做诗，做成之后，读起来并不入调。不过，这是很少见的，因为做诗的人，能够一面吟哦，一面听着，因而找出一个适当的音节来，虽然这音节究竟建造在什么东西上，他并不知道。

108. 相沿的旧说既不足以讲明法国诗中的音节，我们希望诗人们能够根据了我们的新说，再加以研究，把法国的诗律通盘改造过。虽然这种新说还没有许多人知道，却是无论什么人都可以体味得出来的。〔在 Jean Passy 与 A. Rambeau 合选的“法国文粹”(Chrestomathie française)中，有许多首格律不同的诗，其音节均按本书所载新说，逐一标明，读者可以参看。〕

109. 意大利的诗，大致和当初法国“哑 e”还有音的时候一样；这就是说，切音的数目是大致有定的，强弱音的间错，也大致是整齐的，例如：

ˈOh! quante ˈvolte al ˈtacito
Moˈrir d'un ˈgiorno iˈnerte,
Chiˈnati iˈrai fulˈminei,
Le ˈbraccia alˈsen conˈserte,
ˈStette, e dei ˈdi che ˈfurono
L'as ˈsalse il souveˈnir.

—Manzoni.

(哦！有几多回在一个无聊之日
静寂的过去的时候，
他默立在将灭的灿烂之光中，
两臂交互于胸前，
回想往时，不胜今昔之感。)

西班牙和葡萄牙的诗，也差不多是这样。

第二　切　音

响　点

110. 在我们发出几个不同的声音的时候，虽然我们所用的力量是完全一样的，在耳朵里听来，其轻重却未必完全相等。例如我们说“passe”[pɑːs]（经过）这一个字，假定我们所用的气力，自始至终是一样的，而听起来，总是[ɑ]比[p][s]响。这里面已经没有气呼的强弱问题，因为我们所用的气力是一样的；而[ɑ]之所以响于[p][s]者，其故盖由于[ɑ]是从声门中发出来的，从声门以至口外，一路几乎没有受到什么阻碍；而[p]与[s]，却只是口腔中所构成的一些噪音便了。

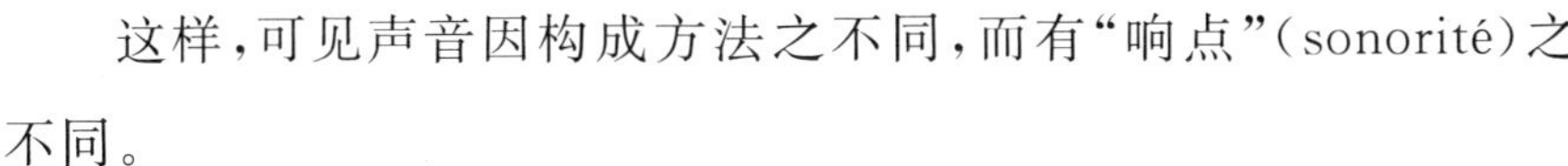

这样，可见声音因构成方法之不同，而有“响点”（sonorité）之不同。

把各音素的响点互相比较，我们很容易看得出：母音比子音响；子音中，有声的比无声的响；母音中，开口音如[a][ɑ][ɔ]等，比合口音如[i][u]等响；[h]可是最不响的一个音。

111. 这所说的是“真响点”（sonorité réelle），另有一种“形似响点”（sonorité apparente），乃是用骤急的气呼造成的，或者是，它的音质特别清脆，在众声嘈杂的时候，它能穿透了众声使人听见；例如[i]音，听起来往往觉得比[a]音更响些。这种形似响点之构成，一半是由于各人的特性，一半是由于受了外方的影响（译者按：此语不甚明了）；但是，在子音之中，[s]一音的形似响点，却非常之强。例如:在许多人合同唱歌的时候,后来忽然加入一人,他要跟接上去,只须注意有[s]一音的字,随着[s]凑合上去,总是不错。不如巴黎街上,有种种嘈杂的声音,如要呼唤街车或叫公共汽车停止,最便当的是用[s]一音。

112. 响点与气呼的力相合,造成音的强度(intensité);所以强度这东西,可以认为响点与气呼的力两个元素相合而成的结果。(译者按:在普通语音学中为讲说上的便利起见,这一说是可以成立的。在实验语音学中,用纯理的方法分析语音,就只能认强度与气呼的力是互为因果的东西,换句话说,气呼的力是因,强度是果。至于响点,却另是一件事,可以有得种种的说法,而且定义与范围,也各有不同。)

切　音

113. 在许多声音继续发出的时候,声音的强度,是时时变化的,并不是始终一致的;因强度的变化而使声音成为一个个的节落,则所成的节落,就叫作"切音"(syllable)。换句话说,切音就是一组的声音(这一组中所包含的音素,或者是一个,或者是许多个),其中央的强度是高的,两端的强度是突然的低落下去的(这里所说的是强度的高低,并不是声音的高低;好比说:某物体的热度的高低,并不是某物体本身的高低),其两端强度低落处,即此一切音与左右两邻切音的分界处。至于强度之所以低落,却可以有得两种原因:第一种原因是中央的气呼强,两端的气呼弱;第二种原因是中央的音的响点,大于两端的音的响点。

114. 譬如我们发一个[ɑ]音,所用的力,或者是始终不变;或者是先弱,而渐渐的转强;或者是先强,而渐渐的转弱;或者是先弱，渐渐的转强，再由强渐渐的转弱，——我们所听到的，还只是一个音，因为我们耳朵中所得到的印象，是单纯的，继续的，中间并没有停顿的；这种的音，无论延得多长，只能认为一个切音。但是，假使我们发同样的一个音，到从强转弱以后，重新再从弱转强起来，那么，无论你这音是长是短，总应该认为两个切音。前一种的音，我们可以写作[ɑ]，而附以长音记号；后一种的音，就应当写作[ɑɑ]，虽然两[ɑ]之间仍有弱音相连，并未停歇。法语“créé”[kree]（创造的）一字中的两个[e]，就属于这一类。

115. 假使我们把两个或两个以上的音连合在一起，情形还仍旧是一样；所不同者，前节里所说的强度，是用气呼的强弱判定的，现在却要用各音素的响点的大小来判定。例如我们说[tap]这一组音，[a]的响点比[t]与[p]的都大，说起来，先从弱的[t]，转而为强的[a]，再转而为弱的[p]，所以只能认为一个切音。假使说[tapi]，就应当认为两个切音，因为从强的[a]转而为弱的[p]以后，而再转而为强的[i]了。

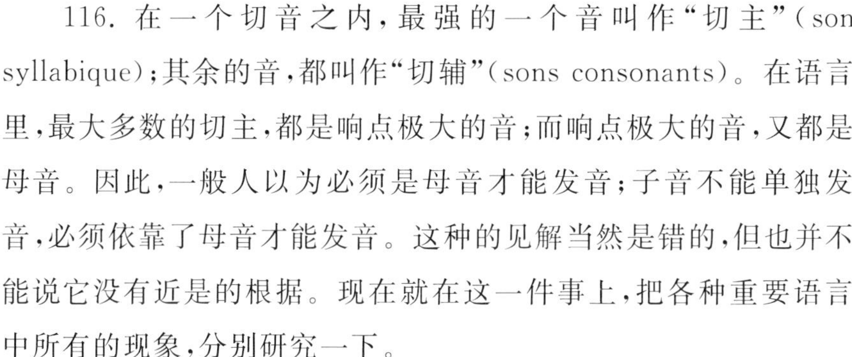

116. 在一个切音之内，最强的一个音叫作“切主”（son syllabique）；其余的音，都叫作“切辅”（sons consonants）。在语言里，最大多数的切主，都是响点极大的音；而响点极大的音，又都是母音。因此，一般人以为必须是母音才能发音；子音不能单独发音，必须依靠了母音才能发音。这种的见解当然是错的，但也并不能说它没有近是的根据。现在就在这一件事上，把各种重要语言中所有的现象，分别研究一下。

117. 在法语中，切主一项，完全被母音专利去了。以子音而为切主的，只有有限几个感叹词，如[ps̩ːt]（通常写作“pst”）[ʃːt]

（通常写作“chut”）之类（书中子音为切辅者，不加特别符号；其为切主者，则于音标下志以小直，如“ˌ”）。又如流俗语中，把[ʒənsepɑ]“je ne sais pas”（我不知道）读成了[ʒn̩sepɑ]，其[n]一音，当然是以子音而为切主，不过这种语言，已经不是本书所认定的标准法语了（§8）。

母音的情形，正与子音相反。我们几乎可以说，凡是母音，都是切主。只有在说话说得快的时候，碰到了两个母音在一起，则其中响点较大的一个，就把切主的权利独占了；响点较小一个，就不得不退居于切辅的地位。在一个切音之中，有这样的两个母音联合在一起，则其合体就叫作“合母”（diphtongue）；例如“à outrance”[aŭtrɑ̃ːs]（尽量）中的[aŭ]（书中母音为切主者，不加特别符号；其为切辅者，于必要时在音标之上加小块如◡，非必要时仍不

加）；“il a écrit”[ilaĕkri]（他写了）中的[aĕ]；“il n'est pas ici”[inɛpaĭsi]（他不在这里）中的[ɑĭ]；“où ira-t-il”[uĭrati]（他上那儿去）中的[uĭ]；“il est si oublieux”[ilɛsiŭbliø]（他如此健忘）中的[iŭ]；在单字中，也有这样的情形，如“paysan”[peĭzɑ̃]（乡下人）中的[eĭ]；“chaotique”[kaŏtik]（混乱的）中的[aŏ]；“caoutchunc”[kaŭtʃu]（胶皮）中的[aŭ]；“réuni”[rey̆ni]（集合）中的[ey̆]，等等。但是，这是在说话说得快的时候的情形；在说话说得慢的时候，我们仍旧可以读作两个切音；例如[aŭtrɑ̃ːs]，仍旧可以读作[ˈauˈtrɑ̃ːs]。

除上文所说的那种情形之外，我们法语中就没有别种合母的了。要是两个母音碰在一起，其结果不外乎二种：一种是两个都做

切主，各自造成一个切音，例如“pays”[pei]（邦国）中的[ei]，“chaos”[kao]（混乱）中的[ao]；一种是两个母音中的一个，变成了子音（或称半母；半母应以子音论），例如“où est-il”[wɛti]（他在那里）中的[w]，是[u]变成；“ça y est”[sajɛ]（得啦）中的[j]，是[i]变成。

118. 因此，按着我们所取的“通常慢说语”这一个标准说，我们不妨定出一个很简单的例：在法语中，有一个母音，就有一个切音。（译者按：这是依着音标说，若依普通的文字说，则“ou”读为[u]，“au”读为[o]，“ai”读为[e]，……虽然写着两个母音，却仍旧只能作为一个切音算；又如“哑 e”在形式上虽然是母音，因为不读，也当然不能造成切音。）

但是，这只是就巴黎通行的语音说。在法国南部，情形就两样了。我们语言中所用的子音（即半母）[j]，[w]，[ɥ]，他们都变成了切辅母音；例如我们说的是[mjɛ̃]“mien”（我的），[bwɑ]“bois”（树木），[nɥɑːʒ]“nuage”（云），他们说的是[mɛ̆̃]，[bŭɑ]，[nўaːʒ]。在瑞士人所说的法语中，有许多长母音（或者从前的长母音），都变作了合母；例如“année”（年）一字，读为[aneĭ]（巴黎语中读为[ane]）。又“paille”（秆）一字，我们读为[pɑːj]，他们读为[paĭ]。

119. 我们在法语里能够定出这样一个简明的例，在别种语言里就做不到。例如在意语里，切主子音是没有的，合母却很多；例如“mai”[mɑĭ]（绝不）中的[ɑĭ]，“voi”[voĭ]（你们）中的[oĭ]，“lui”[luĭ]（他）中的[uĭ]，“qui”[kŭi]（此地）中的[uĭ]。有时候，三个母音碰在一起，可以造成“三合母”（triphtongue）；例如“boui”[bŭɔĭ]（牛）字中的[ŭɔĭ]。

西班牙语中的情形也是一样；例如“rey”[reĭ]（王）中的[eĭ]；“hoy”[oĭ]（今天）的全体；“buey”[bŭeĭ]（牛）中的[ŭeĭ]。

120. 德语中，有几个很常用的合母；例如“baum”[baŭm]（树）中的[ɑŭ]，“bein”[bɑĭn]（胫）中的[ɑĭ]，“heu”[hoĭ]（刍秣）中的[oĭ]。

用于非重读的切音之内的[m]，[n]，[l]，[r]四个子音，有时候，至少是在说话说得不很快的时候，可以变作切主；例如“atem”（气息），“geben”（给与），“säbel”（刀），“winter”（冬）诸字，读得慢的时候，是[ɑːtəm]，[geːbən]，[zɛːbəl]，[vintər]，到读得不很快的时候，就变作了[ɑːtm̩]，[geːbn̩]，[zɛːbl̩][vintr̩]。若到读得很快的时候，则这四个子音之外，还有许多子音可以做得切主。

121. 英语中，也有许多合母；例如“house”[haŭs]（屋）中的[aŭ]，“time”[taĭm]（时）中的[aĭ]，“boy”[bɔĭ]（童）中的[ɔĭ]。

[m]，[n]，[l]三个子音，在用于非重读的切音之内的时候，都变成了切主；例如“chasm”[kazm̩]（裂洞），“heaven”[hɛvn̩]（天），“little”[litl̩]（小）。又除感叹词不算外，我们至少可以找得出一个以[l]为切主的重读切音：这就是“milk”（乳）字，可以读作[milk]，也可以读作[mjl̩k]。

122. 在别种语言里，以子音作切主，也是很习见的事。例如匈牙利 Croatie 地方的语言里的“brk”（髭）“smrt”（死）等字，布尔加里亚语言里的“vlk”（狼）字，都是没有母音而以子音为切主的。在捷克语里，还可以造成这样一句完全没有母音的句子：“strtʃ prst skrz krk”（以指穿颈）。

切音之分割

123. 要把两个相连的切音分割开来，可以把两切音相接处强度最低的一点，当作分割点。这强度最低的一点，是有变化的，并不是固定的。如果两个切音相接处，有两个子音，则强度最低点，通常都在两子音之间；例如“acteur”(男伶)一字，可以分割为[ak｜tœːr]。要是两切音之间，只有一个子音，则分割起来，这子音或属上切音，或属下切音，均无不可；例如[aba]两个切音，可以分割为[ab|a]，也可以分割为[a|ba]。

凡切音之以子音结尾者，叫作“闭切音”(syllabe fermée)；其以母音结尾者，则叫作“开切音”(syllabe ouverte)。

124. 法语中的切音，大多是开切音。要是两切音之间有一个子音，分割起来，这子音一定属于下一切音而不属于上一切音；例如“ami”[aˈmi](朋友)，“cadeau”[kaˈdo](礼物)。甚而至于两切音之间有了两个子音，这两个子音也往往可以一同归划入下一切音，若然后一子音是[l]，[n]，[j]，[w]，[ɥ]等音之一，例如“tableau”[taˈblo](画)。这种切音的分割法，并没有受到字的分割法的影响；例如“quel homme”[kɛˈlɔm](何等样人)，[l]按字的分割应属上，但仍依切音的分割而属下；“une arme”[yˈnarm](一件兵器)，[n]按字的分割应属上，亦依切音的分割而属下，因此，“les aunes”(古尺度名)与“les zônes”(地带)都读作[leˈzoːn]，“un invalide”(一个年老残废兵)与“un nain valide”(一个壮健的侏儒)都读作[-œ̃ˌnɛ̃-vaˈlid]，“celui qu'il a vu”(他所看见的那个人)与“celui qui l'a vu”(那看见他的人)都读作[-səˌlɥi-ki-laˈvy](这末后一句，至少也总不能读作[-səˌlɥi-kilˌlaˈvy])。

因为有这一种情形，所以小孩子往往把字的分割法弄错了。我小时候，把“la remise”（手续费）当作了“l'armize”，说过“une armize”这一句不通的话。V. Henry 也说，他听见有一个小学生把“l'Ecole Normale”（师范学校）当作了“les colnormals”，说：“Tiens，voilà un colnormal。”（瞧，这是个师范学校）这一类的错误，也可以在正则的语言上造成许多事实；例如“la boutique”（店铺），是“l'aboutique”变化成功的（aboutique 是古法语，出于希腊语中之“apothêkè”；而“apothêkè”又为“apotithèmi”一语所转化，意谓“我安放”）；“ma mie”（我的朋友，民歌中常用之），是“m'amie”变化成功的（“m'amie”为“ma amie”之省，亦古法语，今语当作“mon amie”）。又，在§59 中，我们说过，法语是宜于玩弄语音游戏的一种语言。在我们现在所说的一种错误上，也可以做得些游戏；例如，问：“De quelle couleur est un tiroir quand on l'ouvre?”（抽开抽屉来是什么颜色?）——答：“Il est tout vert”（全是绿色）——其同音句为“Il est ouvert”（是抽开了）。

125. 在西班牙语中，尤其是在意大利语中，也同在法语中一样，大多数的切音，都是开切音。

126. 在英语及德语中，却适得其反：处于两个母音之间的一个子音，往往划归前一切音，尤其是在前一子音读为短音的时候。在英语中，“an aim”[ən'eim]（一个目的）与“a name”[ə'neim]（一个名字）是有分别的。可是，像法语中“l'aboutique”变成“la boutique”一类的错误，也仍旧可以有得；例如“an ewt”（一个蝾螈），变成了“a newt”；“a nadder”（一条毒蛇），变成了“an adder”；“an ekename”（一个绰号），变成了“a nickname”。（“ewt”，“nadder”，

“eke-name”均古语;“newt”,“adder”,“nickname”均今语。)

长　短

127. 所谓长短(durée),是说占有的时间的多少:时间占得多的就是长,占得少的就是短。语言中所包含的音,都可以发得长些,也可以发得短些。但是,我们现在所要说的长短,乃是“相对的长短”,换言之,即某一音与其比邻之音相较,究竟是长些,还是短些。这相对的长短,是语言中一件很重要的事。

通常分长短为三等,即短音,中长音,长音。例如法语中的[a]音,在“patte”(足掌)一字中是短音,在“Paris”一字中是中长音,在“part”(部分)一字中是长音。英语中的[ɒ]音,在“not”(不)“naught”(无)“gnawed”(啮)三字中,也可以照样别为三等。

标音时,短音不加记号,中长音用[ˑ]号,长音用[ː]号。

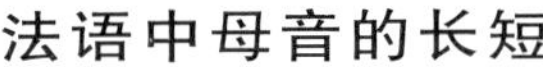

法语中母音的长短

128. 法语中母音的长短,在强切音中是很明显的;试将以下各字互相比较;——“renne” [rɛn](驯鹿)与“reine”[rɛːn](皇后),“mettre”[mɛtr](安置)与“maître”[mɛːtr](老师),“lime”[lim](锉)与“abîme”[abiːm](深沉);“je tousse”[ʒətus](我咳嗽)与“nous tous” [nutuːs](咱们大家);“tu boites”[tybwat](你跛着走)与“la boîte”[labwaːt](匣子)。

弱切音中的母音的长短,就比较不甚显明些,因为在这种切音里,只有中长音与短音二种。但如“tyran”[tirɑ̃](暴君)之与

"tyrant"[ti'rɑ̃](抽拔),"couvent"[kuvɑ̃](修道院)之与"couvant"[ku'vɑ̃](孵卵),还仍旧是分辨得清的。

就一般而论,同一母音,作长音时与作短音时,音质上并没有什么差别。但是,这只是耳朵里听不出来;若用仪器试验,则所得结果,长母音往往比短母音"合"一点(这是"合口"的合,后文另有说明)。

129. 要知道法语中某一母音是长,某一母音是短,并不是件很容易的事。有些地方,只能依据字义,逐字强记,并无条例可说;有些地方,虽然可以定得出些条例,而这种条例可仍旧是很噜嗦的。要研究这种的条例,应当先把切音分成两种:一种是"节尾切音"(syllabe finale),即是位置于力的节落的末尾的切音,照正则的状况说,都是强切音;一种是"非节尾切音"(syllabe non finale),即是不处于力的节落的末尾的切音,照正则的状况说,都是弱切音。

130. 节尾切音——此种切音,可依§123中所说的"开""闭"两类,分别论之。

开类节尾切音,都是短音(开闭应以音标为准,不能以通常的文字为准);例如"pas"[pɑ](不),"tôt"[to](早),"boue"[bu](烂泥),"ami"或"amie"[âmi](男友或女友),"lycée"[lise](中学校)。

这是说巴黎的语音。但是,我相信法国全北部的语音,除开几处说特种土语的地方以外,大都是如此。在别处,就不是如此:尤其是在比国人和瑞士人所说的法国话里,每逢从前在字尾拖着一个[ə]音的字,现在说起来,虽然[ə]没有音,却将[ə]前面的母音,读为长音,例如"venue"(来到),"amie"(女友),"boue"(烂泥),

“fermée”(关闭)读为[vəny:],[ami:],[bu:],[fɛrme:],甚而至于可以读为[vənyɥ],[amij],[buw],[fɛrmei],与“venu”,“ami”,“bout”(端末),“fermé”显然不同。但在演说中,也往往可以和巴黎一样。

131. 闭类节尾切音的情形,就恰恰相反;要是切音为[v],[z],[ʒ],[j](这四个是“有声摩擦音”)[r]五个子音所闭,则这五个子音以前的母音,都是长音[因此,我们称这五个子音为“延音子音”(consonnes allongeantes)];例如“cave”[ka:v](地窖),“ruse”[ry:z](伪计),“rouge”[ru:ʒ](红),“œil”[œ:j](眼),“rire”[ri:r](笑),“livre”[li:vr](书)。——要是在非节尾切音里,这五个子音就没有延音的能力;换句话说,就是它不能使它前面的一个母音变为长音;例如“porte”[pɔrt](门),“lourde”[lurd](重),“schisme”[ʃizm](意见分裂),“Dresde”[drɛzd](地名)。

此地又要说到些方音上的异同。有些地方,把字尾的[j]读作了[ʎ],则[ʎ]音就不能援[j]之例而将前面的一个母音延长;例如瑞士人读“fille”(女孩)为[fiʎ],“œil”(眼)为[œʎ]。里昂人读这两个字,仍旧用[j],可是前面的母音,并没有延长:[fij],[œj]。这种读法,不但里昂有,在巴黎也有时可以听见。

巴黎的少年人,往往把[b],[d],[g]三个有声爆发音前面的母音延长;例如“robe”[rɔ:b](长衣),“fade”[fa:d](无味),“dogue”[dɔ:g](巨犬)。

132. 闭类节尾切音中的母音,如果是[o],[ø],[ɔ̃],[ɑ̃],[ɛ̃],[œ̃]等音,都应读为长音,无论后面所接的是什么子音;例如“côte”[ko:t](海岸),“meute”[mø:t](一群猎犬),“conte”[kɔ̃:t](短篇小说),“rampe”[rɑ̃:p](阑干),“mince”[mɛ̃:s](薄),“humble”[œ̃:bl](谦逊)。

就巴黎的语音说,[e]音不属于这一类。但是,有好多种方言中,把“mère”(母),“faire”(做),“piège”(陷阱),“bête”(畜类),“bêche”(铲)等字中的母音,都读作了[e]的长音,那就应当附入这一类了。

133. 要是闭类节尾切音中的母音,既不是[o],[ø],[ɔ̃],[ɑ̃],[ɛ̃],[œ̃]等音,后面所接的,又不是[v],[z],[ʒ],[j],[r]等音,则其音之为长为短,不能一定;试看§128中所举各例,便能明白。约略说来,[ɑ]音大都是长的;[ɛ]音是可长可短的;[u],[ɔ],[a],[i],[œ],[y]等音,大都是短的。

青年们说起话来,除§131—§132中所说的长音外,其余几乎完全读作了短音。又长音与短音间的差别,在年纪大的人的说话里是很明显的;在他们的说话里,就比较要含混些。

在法国南部的语言里,是音与短音间的差别很弱,几乎不能使人注意。

134. 非节尾切音——非节尾切音中的情形,正与节尾切音中完全相反:如其是闭切音,则其母音几乎完全是短音;如其是开切音,却可以是中长音。试将以下各例互相比较:

[fœ:j]“feuille”(叶),
[fœjtɔ̃]“feuilleton”(报尾文艺栏);

[fɔ:r]“fort”(强),
[fɔrse]“forcer”(强迫);

[tyt lɛːv]“tute lève”(你起来),
[lɛv twa]“lève-toi”(起来罢);

[lɥimɛːm]“lui-même”(他自己),
[lə mɛm ʒuːr]“le mème jour”(就在那一天);

又:

[gro]“gros”(大),
[gro'siːr]“grossir”(扩大);

[bɑ]“bas”(低),
[ba'te]“bâter”(加鞍);

[krø]“creux”(凹),
[krø'ze]“creuser”(开挖);

[grɑ]“grand”(大),
[grɑ'diːr]“grandir”(长大);

[nu dø]“nous deux”(咱们两),
[dø' fwa]“deux fois”(两次)

135. 除此以外,非节尾切音中的情形,就和节尾切音中大致相仿。在开类非节尾切音中,[o],[ø],[ɔ̃],[ɑ̃],[ɛ̃],[œ̃]诸母音,都是中长音;例如“hauteur”[(h)o'tœːr](高度),“queuter”[kø'te](打台弹中的一个术语),“longueur”[lɔ̃'gœːr](长度),“lancer”[lɑ̃'se](掷发)。——[ɑ]几乎总是中长音,[e]做中长音的时候也很多;例如“bâton”[bɑ'tɔ̃](棒),“château”[ʃɑ'to](邸第),“maçon”

[mɑ'sɔ̃](泥水匠),“gémir”[ʒe'mir](叹息)。[v],[z],[ʒ],[r]四个子音,也往往可以把前面的母音延长;例如“raison”[rɛ'zɔ̃](理由),“léger”[le'ʒe](轻),“Paris”[pa'ri](巴黎),“pourrir”[pu'riːr](腐朽),“guéri”[ge'ri](病愈),“curé”[ky're](住堂教士)。

136. 若因文法上之变化,由节尾切音变而为非节尾切音时,则原来在节尾切音中做长音的母音,在非节尾切音中仍旧可以保有相当的长度而为中长音;例如“aimer”[ɛ'me](爱)与“j'aime”[ʒɛːm](我爱),“couler”[ku'le](流)与“je coule”[ʒə kuːl](我流),“baisser”[bɛ'se](放低)与“je baisse”[ʒə bɛːs](我放低)。但是,有时候也可以失去了长度,变为短音;例如“courir”[kuriːr](疾走),“je cours”[ʒə kuːr](我疾走)。这种情形,在节尾切音被[ʒ]——尤其是被[j]——所延长的时候是很习见的;例如“courage”[kuraːʒ](勇气),“courageux”[kuraʒo](有勇气的);“soleil”[sɔlɛːj](太阳),“ensoleillé”[ɑ̃ːsɔlɛje](为日光所照耀的);“feuille”[fœːj](叶),“feuillet”[fœ'jɛ](页)。但是,这也不能一概而论:有些人是这样读,有些人并不如此。

也有几个母音,原来在节尾切音中是长音,后来在原字上添接了一个意义明显的“接词”(suffixe),它就一变而处于闭类非节尾切音之中,而它的长度,却还可以保留一部分;例如“dure”[dyːr](坚),“dureté”[dy'rte](坚度);“vive”[viːv](活的),“vivement”[vi'vmɑ̃](活泼泼地);“clair”[klɛːr](光辉的),“clarté”[kla'rte](光辉)。

137. 如果因为加力的缘故而将重音的地位变换,使非节尾切音变成了重音,则其中所包含的一个母音,如果原来是短的,现在仍旧是短的；例如“il faut le forcer”（必须强迫他）一语，原来读作［ifolfər′se］，加力以后读作［ifol″fərse］。如果原来是中长的，加力以后却可以变作了长的，甚而至于可以变作了很长的；例如“il y en a beaucoup”［ijãna′boːku］（有好许多），“il pleurait”［i″plœːrɛ］（他哭）。

德语中母音的长短

138. 德语中母音的长短，是很明显的，而且对于字义上也很重要；例如“füllen”［fylən］（装满）之与“fühlen”［fyːlən］（感觉），“still”［ʃtil］（静）之与“stiel”［ʃtiːl］（柄），其分别处，只在［y］［i］两音的长短上。

以长音与短音相比，其音质上的差异很显明：当发长音时，发音机关上的筋肉，必较发短音时更为紧张（看§235）。

弱切音中只有中长音与短音二种，所以长短间的差别，比较不甚显明些。

139. 在德语中的母音的长短上，只能定得出一条例，就是：凡处于节尾的强母音，都是长音；例如“knie”［kniː］（膝）；“kuh”［kuː］（牝牛）。这种情形，正和法语中相反，所以双方互习语言的人，不免有许多困难。但是，也有许多字，如“ja”［jɑː］（是），“so”［zoː］（如此）等，其中母音，通常是长音，有时候也可以读为短音。

除这一条例以外，德语中的母音，都是有时候长，有时候短，不论所处的地位如何；即使处于“r”之前，也是一样；例如“wahr”［vɑːr］（真的），“narr”［nɑr］（蠢）。

在德国南部，这长短间的差别尤为明显，而§138中所说的音质上的差别，却不甚重要，甚而至于可以没有；在德国北部，正恰恰相反：音质上的差别非常重要，长短上的差别，却很轻微，甚而至于可以完全没有，像在荷兰语中一样。

英语中母音的长短

140. 母音的长短，在英语中也是一件重要的事。研究起来，也很麻烦。

第一，我们应当知道，在英语中，也和在德语中一样，发短母音时，筋肉是宽弛的；发长母音时，筋肉是紧张的（看§235）。

第二，发长母音时不但筋肉紧张，而且因紧张的结果，可以使一音化而为二，——即将单母化而为合母。其中最显明的，便是[ei]与[ou]两个合母。

141. 英语中也像德语中一样，凡处于节尾的强母音，都读长音。因此故，英国人读起法语中的“nez”[ne]（鼻），“mot”[mo]（字）等字来，总觉非常困难：他们往往读作了[nèi]，[mòu]，至多也只能勉强读成了[nè:]，[mò:]：你若要他读出一个短的单纯母音来，就非有长时间的练习不可。

此外，凡是英语中重读的母音，而后面跟着[ɹ]一音的，都读为长音。

142. 母音后面所跟的子音，除前条所说的[ɹ]外，凡是有声的，大都可以使前面所接的母音延长；反之，凡是没有声的，大都可以使前面所接的母音短促。所以假使有甲乙两字，读法全同，所异者，只甲字母音后所接的子音是无声的，乙字母音后所接的子音是有声的，则其结果，若然甲字的母音读为短音，则乙字的母音必读为中长音;例如“bit”[bit](一片)与“bid”[biˑd](嘱咐),“let”[lɛt](让)与“lead”[lɛˑd](铅),“bat”[bat](蝙蝠)与“bad”[baˑd](恶)。若然乙字的母音是长音,则甲字的母音必为中长音;例如“wreathe”[riːð](缠绕)与“wreath”[riˑθ](花圈),“halve”[hɑːv](折半)与“half”[haˑf](半)。

合母也和单母一样,处于有声子音之前的,必较处于无声子音之前的读得长一点。

143. 附注——美国人读音中的长短,又与前条所说大不相同,有如“bomb”[bɑm](炸弹)之与“balm”[bɑːm](止痛药),“have”[hav](有)之与“halve”[haːv](折半),“hand”[hand](付与)之与“hand”[haːnd](手)。英国人也往往可以有这样的读法。

我觉得英语中的长短音,目下正在递变期中,上方所举的几个条例,只是就大多数的人的读音说,并不是说所有的英国人都能一致。有许多英国人,往往把延长的短音,如“bid”[bid](嘱咐),“rood”[rud](十字架上之像),“bad”[bad](恶)等字,读得如短缩的长音,如“beat”[biːt](打),“root”[ruːt](根),“half”[hɑːf]等字更长;也有许多人,把音质的变化替代长短,像在荷兰语中一样。不过外国人学习英语,还是采用上方的几个条例好一点。

法语中子音的长短

144. 子音的长短,就一般而论,总没有母音的长短那样显明;而且,子音的长短,只和所处地位有关,并不能于字义上有所表显。

法语中,只有强切音里的子音,可以辨别得出长短来,而且可以归纳成功下面的两个条例:

(1) 在一个切音的末尾的子音,如果前面所接的是短母音,读起来就长一点;如果前面所接的是长母音,读起来就短一点;例如"renne"[rɛnː](驯鹿),"reine"[rɛːn](皇后);"balle"[balː](弹丸),"Bâle"[bɑːl]。在加力的话句的末尾,这种情形尤为明显;例如"je reste seul"[ʒə rɛstə sœlː](我独留);"c'est raide" [sɛ rɛdː](那是坚强的)。

(2) 在一个切音的末尾,如果有两个子音,则后一子音无声时,前一子音是短的;后一子音有声时,前一子音是长的;例如"talc"[talk](滑石),"algue"[alːg](海藻);"arc"[ark](弧线),"largue"[larːg](宽弛);"perche"[pɛrʃ](鲈鱼),"berge"[bɛrːʒ](堤岸):"Alpes"[alp](山名),"Elbe"[ɛlːb](河名)。

145. 字首的子音;也往往可以延长而且加力。在通常的谈话中,若然把极熟用的成语按着简省的方法说出,就可以有这样的一种情形;例如"de temps en temps"[tːɑ̃zɑ̃ːtɑ̃](时时),"tout à l'heure"[tːalœːr](方才),"je ne sais pas"[sːepɑ](我不知道)。又在通常语或演说中,如果有一个特别加强的重音,也可以得到同样的结果;例如"jamais je ne ferai cela"[″ʒːamɛ ʒənfreˈsa](我断然不做那件事)。这种特别延长的子音,通常都在一个气呼的节落的头上;如果前面还有母音存在,则长子音往往变作了重叠子音(看§150)。但是,我们也有时候可以听见有人在话句的中间用长子音(在演说中,这种用法尤其多);例如"vous êtes le sel de la terre"[vuˈzɛt lə ″sːɛl dəlaˈtɛːr](你是地里面的盐),"il faut faire juste"[ifoˈfɛːr″ʒːyst](应当主持公道),"cette égalité moralé"[sɛtegaliˈte ″mːɔral](这个道德上的平等)。

英语中子音的长短

146. 英语中子音的长短，同法语中完全一样，而且长短间的差分外强。凡字尾子音之前接长母音者，均短读；其接短母音者，均长读；例如“feel” [fiːl]（感觉），“fill”[filː]（装满）；“seen”[siːn]（见了），“sin”[sinː]（罪孽）；“feet”[fiːt]（脚），“fit”[fitː]（宜于）。

凡字尾子音之无声者，其前接之子音短读；有声者，其前接之子音长读；例如“built”[bilt]（建造了），“build”[bilːd]（建造）；“scent”[sɛnt]（香味），“sand”[sanːd]（沙）。

147. 附注——看了前数节所说的英法语中的母音及子音之延长，我们可以知道，凡是有声子音，大都能把前面所接的一个声音延长。

德语中子音的长短

148. 德语中子音的长短，差别很微，几乎听不大出；即如“ball”[bɑl]（球），“denn”[dɛn]（于是），“schritt”[ʃrit]（步）等字中的末尾子音，听起来也和“saal”[zɑːl]（厅事），“stehen”[ʃteːn]（立），“gebiet”[gəbiːt]（地域）等字中的末尾子音一样短。所以我们不妨说：德语中的子音，都是短的。德国人说法语，也把这一个特点搬了过来，使我们听了很不舒服。

据 E. Meyer 的实验，德语中的子音，也因前面所接的母音的长短而略有长短的差别。有些地方的“harte”[hɑrtə]（坚）与“er harrte”[er hɑrːtə]（他待）中间的两个[r]的长短是不同的。

关于长短音的标别

149. 若然我们要把前十数节中所讲的各种母音与各种子音的各等长短，一个个用记号正确标别出来，那是一件很复杂很麻烦的事。不过，这种工作尽可以不必做得，因为大部分的长短上的区别，都是由于声音所处的位置不同，因而得到的自然的结果；所以，我们只须把几个条例记住就是，不必一个个的细标。

(1) 在法语中，我们只用这样一个[ː]长音符号：凡强切音中的母音标着这符号的，都是长音；短切音中的母音标着这符号的，都是中长音；虽然符号相同，长度却并不完全相同，这是应当特别说明的。子音的长短，除§145中所说的字首强音外，其余均不特别标出。

(2) 在英语中，凡短母音因后接有声子音而变为中长音者，不标。其长母音之因后接无声子音而变为中长音者，则用[ː]标之。子音及合母的长短，均不标。

叠　音

150. 在§114中，我们已经说过，一个音可以分作两部分，作为两个切音(譬如说：[a a])，听上去，好像这一个音重叠了一次一样。

子音也和母音一样，可以分作了两部分：前一部分属于前一切音，后一部分属于后一切音。譬如“allah”[alla]这一个字，中间并没有两个[l]，只是一个[l]说得长些，半中间又把强度减低了，分作了若断仍连的两截：前一截属前一切音，后一截属后一切音。这一类的音，我们唤作“叠音”（sons doubles）：如其音为母音，则称为“叠母”（voyelles doubles）；为子音，则称为“叠子”（consonnes doubles）。标音时碰到了叠音，都把两个音标接连写着；但是，我们不要以为这两个音标代表着两个音：它所代表的，只是一个长一点的音，半中间的强度，又减低了一点。我们可以把第一个音标所代表的当作音的“首”（l'arrivée du son），把第二个音标所代表的当作音的“尾”（la détente du son）。（看§271）

151. 法语中的叠子是很多的；例如科学语中的“illégal”[illegal]（非法的），“Anna”[anna]（人名）（有些人不懂读音，只知道照着文字读，这一类的叠子，就用得更多了。我们往往听见有人把“grammaire”（文法）读作了[grammɛːr]，把“illusion”（幻想）读作了[illyzjɔ̃]，把“innocent”（无罪的）读作了[innɔsɑ̃]，把“litterature”（文学）读作了[litteratyːr]，甚而至于为要读出“adhérent”（同党）一字中的“h”，把全字读成了[adderɑ̃]！这都是教育受得不多，而自以为读音正确的人所闹的笑话）；文法变化中的“je mourrai”[ʒəmurre]（我死，将来），“nous croyions”[nukrwɑjjɔ̃]（我们相信）；减缩语中的“netteté”[nɛtte]（明洁），“ladedans”[laddɑ̃]（在那里面）；尤其是在这一类的话句里：“elle lit”[ɛlli]（她读书），“ça ne coupe pas”[sankuppɑ]（那割不了），“ils montent tous”[imɔ̃ttuːs]（他们都上去）。

152. 在感情浓烈的时候，往往把简单的子音也说成了叠子；例如“allons bons!”[alɔ̃b'bɔ̃]（算了罢！），“c'est désolant!”[sɛd'dezolɑ̃]（好苦啊！）。又，“le”字处于两个母音的中间的时候，也往往可以读作了[ll]，虽然说话的人的感情并不浓烈；例如“je l'ai vu”[ʒəllevy]（我看见了他），“nous l'avons dit”[nullavɔ̃di]（这句话我们已经说过了）。

法语中的叠子，是很明显的；外国人学习法语，这也是应当特别注意的一件事。例如“cette ville-là”[sɛtvilla]（这一个城市）与“cette vie-là”[sɛtvila]（这样的生活）不同，不能彼此纠混。

153. 英语中也有叠子，不过比法语中少些；例如科学语中的“illegal”[illi:gl]（非法的）；“合字”（mots composés）中的“unknown”[ʌnnoun]（未知的），“unnatural”[ʌnnatʃərəl]（不自然的）；减缩语中的“probably”[prɔbble]。要是两字相接，前一字的结尾，与后一字的开端，为同一子音，则此二子音往往相合而为一叠子；例如“some more”[sʌm mo:ɹ]（多一点儿），“a good deed”[ə gud di:d]（一件好事）。

154. 德语中的叠子，比英语中更少，只在合字中略有一二；例如“unnötig”[unnø:tik]（无用），“schiff fahrt”[ʃiffa:rt]（舟行）。又前一字之结尾与后一字之开端如同为一子音，亦得以两子结合为一叠子；例如“not tun”[no:t tu:n]（作难），“lauf fort”[lɑuf fort]（跑开）。在不大用心说话的时候，应说叠子的地方，也往往说成了单子，有如[ˈunø:tik]，[ˈʃifɑ:rt]，[ˈno:tu:n]之类。德国人学说法国话，常要把这种读法搬运过来，使法国人听了不大明白。

155. 附注——在瑞士人说的德国话里，凡是子音之前有短母音，而其后有母音或“流子”（consonne liquide）者，均读为叠子；例如“gewinnen”[gəvinnən]（胜），“zucker”[tsukər]（糖）。

156. 别种语言里的叠子也很多。意语中的子音，同瑞士人说的德语中的子音差不多，凡是前面接着短而重读的母音，后面接着母音，或者是接着[r]或[l]的，大都要读为叠子；例如“bello”[bɛllo]（美），“quattro”[kwɑttro]（四）；试以此二字与“pelo”[pe:lo]（毛），“quadro”[kwɑ:dro]（画）两字相比，即可知子音之叠用与否，与前接母音之长短有关。

瑞典语与挪威语中的叠子，亦得援用此例。

157. 芬兰语中的叠子也很多，可完全是有独立性的，和前面所接的母音的长短，一点关系也没有。这一种语言里，无论是强母音或弱母音，或夹在母音中间的子音，只要长短上起了变化，字义就可以跟着变化；例如“tulee”[tule:]（他来），“ei tule”[ei tule]（他不来），“tullee”[tulle:]（他应该来），“ei tulle” [ei tulle]（他不应该来），“tuullee”[tu:le:]（起风），“ei tuullee”[ei tu:le]（不起风），“tuullee”[tu:lle:]（应该起风），“ei tuulle”[ei tu:lle]（不应该起风）。

声　调

158. 我们已经说过，语言中包含一个音乐的分子，就是嗓音；嗓音的高低，是随着情状变化的。我们在唱歌的时候，嗓音不住的从这一个音移到那一个音；而所用各音，都是特地选定了，使连合起来，能成为一个和美的总体。

159. 在语言中，情形也大致相同。不过，这里面有一个基本的异点。在唱歌时，每一个切音，都是依着音符所规定的高低发出来的；或者可以说，在唱歌时，从此音移入彼音，其经过几乎完全是一跳，中间并没有介音。在语言中，声音却并不胶粘在一定的音符上；它并不直接从某一音转入某一音，却是沿着音阶滑动，或向高，或向低，或快，或慢，但总在不知不觉之间，渐渐的变。所以，譬如“viens-tu?”（你来么？）这一句话，在歌唱中，可以写作

在语言中，便是写作了

也还只是大致相近。结果，我们耳朵中所听到的音与音间的距离，似乎小于它的实际的距离。（音与音间的距离，即音程。）

160. 此外还有一个差别处，就是：在唱歌的时候，往往以歌音为主，不以字音为主，所以尽有人牺牲了字音的正确，以求歌音的圆美，结果就使我们不大容易听得懂歌中说的是什么话；在说话的时候，最大的目的是要使人家听得懂，所以字音是要正确的，腔调的美不美，还在第二。

161. 在西欧各种语言里，声调的变化，只能使话句的总意义发生变化。（译者按，这是说他不能使各单定的意义发生变化。）它与情感及逻辑两方面都有相连的关系。

话句中的声调，有时候只有一部分起变化，也有时候可以全体都变化。

162. 就一般而论，凡是感情浓烈的话句，例如表示惊讶的话句，声调大都是高的。但是，如果于惊讶中夹带着些不信，或轻蔑，

或不满意的神情，声调就变成了低的。在下面的几句话里，我们用[꜒]表示高的声调，用[꜖]表示低的声调，其色彩不同处，很容易看得出：

꜒Tiens! te voilà! ——꜖Tiens! te voilà déjà!

（吓！你在这儿！）——（吓！你早已在这儿了！）

꜒Allons donc! ——꜖Allons donc!

（就这么做！）——（就这么做！）

꜒Ah bah! ——꜖Bah!

（啊呸！）——（呸！）

꜒Quelle idée! ——꜖Quelle idée!

（什么意思！）——（什么意思！）

163. 疑问语与情感语一样，声调也是高的；试以下面的直说语与疑问语互相比较：

꜖Vous venez——꜒Venez-vous?

（你来）——（你来么？）

꜖Tu es fatigué ——꜒Es-tu fatigué?

（你累了）——（你累么？）

꜖Il est arrivé——꜒Est-ce qu'il est arrivé?

（他到了）——（他到了么？）

但是，如果疑问句中夹带着些不满意的神情，声调就变成低的；例如——

꜖Tu n'as pas oublié ma commission, j'espère?

（我希望，你没有忘掉我叫你做的事吧？）

꜖Eh bien, est-ce clair maintenant?

（那么，现在明白了没有？）

带着恳求性的问语，声调是低的；严峻的答语，声调是高的；例如——

⌞Voulez-vous bien me rendre ce service?

⌜Certainement non.

（能不能请你替我做这一件事？——我一定不做。）

164. 声调的转变，有时是突然的，有时是渐次的。在说话时，要是换了一个主题，声调就突然的变换了：通常都是新主题出现的时候声调极高，以后渐渐的低落。

读书的时候，多数人的习惯，都是在每一节开始的时候，用极高的声调，以后渐次低落，直到一节终了为止。这种全无变化的一起一落，有时可以使听的人感觉到单调，甚而至于不耐烦。

165. 疑问语及情感语中，所需要的还不仅是话句全体的声调的高低，同时还可以有句中某一音的"上升"（montée）或"下降"（descente）。我们用[/]表示上升，用[\]表示下降，记于上升或下降的切音之后。

情感语中的上升声调，往往比疑问语中的尤为突急；又上升切音之前一切音，往往是下降，因此上升切音就愈觉明显了；例如——

Es-tu\là/?（你在那儿么？）

这种样的上升，在§162—§163所举的反诘或讥嘲的话句里，也可以有得。

166. 上升的位置，并不永远在话句的末尾。在疑问句中，如果某一字是疑问点之所在，则此一字之音必上升；其余各字，都要低一点，无论是低平，或者是低降；例如——

Pourquoi donc/⌊est-ce qu'il a dit ça?

（那么为什么他说那句话呢？）

M'as-tu entendu /⌊quand je t'ai appelé?

（我叫你的时候你听见没有？）

这两个例句中的第一句，也可以把上升符号移到句尾；可是一移之后，意义就不同了：

Pourquoi donc/⌊est-ce qu'il a dit ça?

（这是说：他说那句话有什么理由？）

Pourquoi donc\est-ce qu'il a dit ça/?

（这是说：他为什么说那句话而不说别句话？）

167. 没有说完的话，声调也是上升的；例如——

Et alors vous comprenez/……

（你这就明白……）

有时把许许多多的东西逐样点数出来，每数一样，声调就往上一升；例如——

Il est venu avec sa femme/，ses enfants/，ses amis/……

（他来的时候，带着他的妻，他的孩子，他的朋友……）

Il y avait des fleurs/，des fruits/，des gâteaux/……

（有花，有果，有糕……）

但是，这是一种读法；另有一种读法，有时候也可以用得：

⌈Des ⌊fleurs，⌈des ⌊fruits，⌈des gâ⌊teaux……

168. 迟疑的话句，声调大都是平匀的。肯定语与命令语的声调，大都是下降的；语意愈确定，则声调之下降愈分明。有时在下

降之前有一个上升，使下降更形显露；例如——

C'est pour ça/qu'il est parti/ d'ici\.

（正是为了这缘故，所以他从此地走。）

C'est「trop fort\.

（那太利害了。）

话句中所包括的重要的字，声调是高的；附属子句，加插子句，注释子句等的声调，都是低的。

169. 我们可以看得出，文字中的标点，与声调的高低起落，可以有相当的符合。就一般而论，读（，）与顿（；）都表示声调的上升；问号（？）与感号（！），表示更强的上升；句点（.）表示下降；一节完了表示更强的下降；前后呼应的两读（…，………，……），表示两读中间的文字的声调是低的；如用括弧，则括弧中间的文字的声调更低。但是，这种的符合，并不是绝对的；亦犹标点与其所表示之停顿，其长短间之符合，也并不是绝对的。当知标点之分句，也和字与字间的分界一样，大部分是基于逻辑的，不是基于语音的。

170. 有时候，字音和句法都不变，只把声调变化了，就可以使字义和语义发生变化；例如一个"oui"（是）字，因声调之不同，可以有下面各种不同的意义：

Oui\（这是我的意思）

⌞Oui\（不差）

Oui/（真的么？）

「Oui/（不见得！）

Oui ∨（这是可能的事，可是我有点疑心）

Oui ∧（这很清楚）

Oui/∨(初看是不差,可是……)

所以有时候,我们要问一句话,可以不用问话的句法,而只按着普通的句法说,却将声调改变了一点,听的人,也就可以知道你在问话;例如“你来么?”这一句问话,照理应当说“venez-vous?”或“Est-ce que vous venez?”,实际你说了“vous venez/”人家也可以知道你在问话。又如英语中,“see!”是“你看!”的意思,“see?”是“你看见没有?”的意思,也是因声调的变化而有意义的变化。

171. 以上所说各种关于声调上的现象,并不是法语中所专有的,乃是各种语言中所共有的;因为声调这东西,和语音学中的别种元素不同:它并不是人类的习惯造成的,乃是人类的本能造成的。

可是,仔细说来,也未必是所有的语言都能一致相同;因为语言是各有特性的,因特性而影响于声调,原是可能的。不过,即使不同,也只是程度上的差异,并不是根本上的差异。

172. 譬如以法语与德语相比,尤其是与英语相比,我们可以看得出,法语中的“歌唱性”是很浓的:非但最高音与最低音间的限度很大,而且从此音移入彼音,虽然也是滑的,不是跳的(看§159),而滑的程度,却弱到了极点;有时候,听上去几乎是跳的。英语中就不是如此:稍稍一听,就可以听得出它的平淡而少起落。

法语中还有一个特点,就是肯定语中的末一切音,无不突然的低落下去;有时候,竟可以低落到嗓音消失,转为气音,甚而至于转为纯气的喳喳音。以下各句中的末一切音,都可以说是到了纯气的程度:

Il est parti.(他走了。)

Il y en a beaucoup.（有好许多。）

C'est pas beau，ça.（那不美。）

Oh monsieur！（啊，先生！）

话句中所包括的重要的字，说起来声调增高，在法语中也非常明显。又，因加力而将重音变换地位的字（看§85），其强切音之声调，也往往很高。[我觉得重要的字的第一切音，当初亦许只是声调的增高；后来由声调的增高转而为力量的加强，有如拉丁语中的“乐音的重读”（accent musical），后来到了罗马语族里，就变成了“力量的重读”（accent de force）。]

173. 意语中的声调，比法语中更明显，而且作用也更重要，因为疑问语与直说语之间，就只有这声调上的一点区别；例如“vieni”[vĭɛːni\]（你来），“vieni”[vĭɛːni/]（你来么？）。

在西班牙语和葡萄牙语中，情形也是一样。

174. 以上所说，都是声调对于话句的整体的关系：要是把话句中的单字一个个的分析开来，则声调虽有变化，字义依然不变。这种现象，可并不是各种语言中所共有的。在荷兰 Jutland 省南部的 Sundeved 地方的土语里，有许多文法上及字义上的区别，都依着一定的规则，用声调指示出来；例如[greːn]（枝），[huːs]（屋），[ul]（狼）三字，低读均为单数，高读均为多数。

175. 在瑞典，挪威，Croate 三种语言里，字义与声调是互相关连的；例如挪威语中，[ˈbœnnər]一字，因声调之不同，有“乡下人”与“扁豆”二义；瑞典语中，[ˈandən]一字，亦因声调之不同，有“精神”与“鸭”二义。远东的各种语言里，声调与字义间的关系更为重要。例如中国语是绝对的单音语（译者按：此说不甚确），每一个单音，都可以按着严整的规则，读成许多不同的声调，声调说得不对，字义也就跟着变了；有如[mai]这一个音，因声调之不同，义或为“买”，或为“卖”；[fu]这一个音，亦因声调之不同，有“父”，“夫”，“妇”，“富”诸义。暹罗语中，声调分为五种；例如[kɔː]（平调）为表示“k”音之字母音名，[kɔː\]谓“建筑”，[kɔː∧]谓“于是”，[kɔː∨]谓“欢快”，[kɔː/]为情感词之一。

音素之研究

音素之分类

176. 现在我们要研究语言中种种不同的音素;以前所讲过的切音,力的节落,气呼的节落等,都是用音素联合起来构造成功的。

音素与音素间的差异,和切音与切音间的差异是不同的。切音与切音间的差异,只要看它所包含的各分子的次序和性质,就可以知道。音素却各有各的特点,必须逐一研究,才能彻底明白。

音素之不同,由于发音机关中各部位之变化;这种的变化是无穷的,所以音素的数目,也是无穷的。若然我们要把所有的音素搜罗无缺,列起一张总表来,那当然是不可能的事。不过,我们可以把几种最显明的方式,规定明白,研究清楚;到研究清楚之后,无论有什么音,总可以按着方式去推求;这就是说,无论碰到什么一个音,总可以找出一个相当的方式去和它比较,以求其异同之所在。

子　音

子音之分类

177. 我们已经说过,发子音的时候,口腔是闭的,或者是近于闭的；因此，气从喉间流到口外，并不是自由的；因其不自由，所以就造成了噪音。我们又说过，子音可以分作有声无声两大类。这是个极粗略的分类法。现在我们要分得更详细些，且看有什么理论可以依据。

178. 试发[p]与[f]两音——这两个都是无声子音——一面对镜自看，看它不同之处何在。第一，我们可以看得出，当发[p]音的时候，是上唇往下合，下唇往上凑，上下两唇都有动作的；发[f]音的时候，却只有下唇对着上齿凑合，上唇并不动。从这上面，我们可以知道发这两个音的时候，所用到的发音器官并不相同。

其次，我们可以看得出[p]的成音，可以分作两步：第一步是上下两唇不但相接，而且紧合，使气道暂时停塞；第二步是停塞之后忽然开张，空气从口内冲出，像爆发一样的激成一个噪音。[f]就不是这样：它所用着的下齿与上唇，只是微微的相接，并没有紧紧的闭合；因此，气道并没有停塞，空气仍不住的从相接处的隙缝中挤出，成为一个摩擦状的噪音。从这上面，我们可以知道发这两个音，非但所用到的发音器官不同，而且使用发音器官的方法也不同。

现在我们就依据了这发音器官之异同，与使用发音器官方法上之异同，来把子音分类。

179. 就使用发音器官方法上之异同说，可以把子音分为下面的五类：——

(1) 因发音器官之闭合，气道暂时停塞，接着重新张开，空气冲出作爆发状，例如[p]，[b]，[t]，[k]等音。这种的子音，叫作“爆发音”(plosives)。

(2) 气道先闭后开，同爆发音一样；可是，当闭的时候，软口盖向下垂，空气得从鼻腔向外出，例如[m]，[n]等音。这种的子音，叫作“鼻音”(nasales)。

(3) 气道的中央部分闭塞，空气从两旁出，例如[l]一音。这种子音，叫作“边音”(latérales)。

(4) 因一种带有弹性的发音器官的继续抖动，而使气道不住的开合，例如[r]一音。这种的子音，叫作“抖音”(roulées)。

(5) 气道并没有全闭，只是收缩成功一条隙缝，空气仍旧可以从隙缝中挤出，例如[f][s]等音。这种子音，叫作“摩擦音”(fricatives)。

180. 这样一说，可见“爆发音”就是 § 23 中所说的打击音，是瞬间的，是不能连续的；“摩擦音”与 § 23 中所说的摩擦音一样，是可以连续的，不是一发即了的。

余外的三种音，可以括为一总名，曰“流音”(liquides)；流音也是有连续性的；它中间所包含的，是轻微的打击与轻微的摩擦；又，当其有声时，它的乐音很强，可以把它所有的噪音的大部分都掩盖去。因此，我们可以说：流音是兼有摩擦音与爆发音与母音三种性质的东西。

181. 发音器官的变化，严格说来，是没有方法可以规定得明白的。就最显著的而论，却可以分为下面的七种：

(1) 唇音(labiales)，是用嘴唇构造成功的，例如[p]。

(2) 舌音(linguales)，是用舌尖或舌面，与牙齿或牙龈构造成功的，例如[t]，[s]。[这“舌音”一个名词是不正确的，因为构成子音，用舌头的地方很多，并不限于这一类。不过，除此之外，很不容易再找到一个更正确更适宜的字。譬如用“牙音”(dentales),对于法语中的[t],颇能确当,对于英语中的牙龈[t]就不合,对于[ʃ],[r]两音也不合。]

(3) 口盖音(palatales),是用硬口盖与舌头的中部构造成功的,例如[j]。

(4) 后口盖音(palatales d'arrière)或称软口盖音(vélaires),是用软口盖的前端构造成功的,例如[k]。

(5) 小舌音(uvulaires),是用舌根与软口盖构造成功的,例如[q]。

(6) 喉头音(laryngales),是用声带构造成功的,例如[h]。

(7) 肺管支音(bronchiales),是用肺管支构造成功的,例如[H]。

子音表

182. 现在依据发音器官之变化,及使用发音器官方法上之变化,将主要各子音,列为一表。表中如有有声子音与无声子音并列的,则无声的居前,有声的居后。

表中所载摩擦音,比爆发音和流音多。就理论上说,每有一个摩擦音,就可以有一个相当的爆发音,所以爆发音的数目,应当和摩擦音的数目相等。在事实上,却是发摩擦音时,只须发音器官略略有一点变化,耳中所听到的声音,就可以大大的两样;发别种音时,可并不如此:你把发音器官略略变化一点,听上去还仍旧和原来的声音差不多,虽然骨底里已经变化了。因此,我们不得不认[s]与[ʃ]为本能的音;与此二音相当的爆发音,却不妨归入[t]音,认为[t]音的变相。

	肺管支音	喉头音	小舌音	后口盖音	口盖音	舌音	唇音
爆发音		ʔ	q G	k g	c ɟ	t d	p b
鼻　音			N	ŋ	ɲ	n	m
边　音				ɫ	ʎ	l	
抖　音			ᴙ R			r	
摩擦音	H Q	h ɣ	ʁ ʁ	(ʍ w) x ɡ	ç j (ɥ)	ɹ θð ʃʒ sz	fv FV ʍw ɥ

子音分论

183. 现在我们要把各种子音，逐个逐个的讨论；同时还要把各种重要语言中各种子音所具有的各种特性，仔细说明。我们依据了发音方法之异同，逐类说下去。

爆发音

184. 我们已经说过，爆发音之构成，是先将发音器官闭合，使气道暂时停塞；然后突地张开，使空气爆发似的冲出口来。

爆发音之构成法，也往往因语言之不同而有种种的差异。这一层，且留到将来讲“过渡音”(sons transitoires)时再说；现在所要说的，只是这爆发　类中各子音的基本性格罢了。

185. 双唇(bilabiale)爆发音[p]与[b]的构造法，是先将上下两唇闭合，然后突地张开，例如“pape”[pap](教皇)，“bas”[ba](低)，“robe”[rɔb](长袍)。这是最容易发的音，小儿学语，也在最早的时候就能学会。它的构造法，在各种语言中都大致相同；即使略有差异，也很微弱，不容易听得出来。

186. 舌头爆发音[t]与[d]的构造法，是先将舌尖牙背或牙龈相接触，因而使气道关闭，然后突地张开，例如“tort”[tɔːr]（错误），“tout”[tu]（一切），“temps”[tɑ̃]（时间），“dent”[dɑ̃]（牙齿），“doux”[du]（温和）。

这两个音是很有变化的：有些地方只用舌尖关闭气道；有些地方于舌尖之外，兼用舌面的一部分；便是闭切之点，或为牙背，或为牙龈，也各有不同。法国人，至少是法国北部的人，往往把舌尖与下齿的后面相抵，以舌面与上齿的后面或牙龈相抵，因此关闭气道的，是舌面。葡萄牙语与冰洲语中，就只用舌尖与牙背相抵。英语中，用舌尖与牙龈相抵；因此所构成的声音，听起来很有点两样。德语中的情形，和法语中大致差不多，不过闭切点还要略略向后一点；听起来，可并没有多大的差别。

187. 口盖爆发音[c]与[ɟ]，在正则的法语中是没有的，在巴黎西郊的流俗语中，却时常可以听见。凡是“舌前母音”前面的[k]与[g]——有时候是[t]与[d]——往往可以变作了这两个音。在耳听上没有受到训练的人，往往以为所听见的是[tç]与[dj]，或[tʃ]与[dʒ]。因此，为形容这一种语音起见，也有人把“quinze”（十五），“curé”（住堂教士），“liqueur”（烧酒），“Dieu”（神）等字，故意写作了“tienze”，“tiuré”，“litieur”，“guieur”等形式的。其实，若要正确，应当写作[cɛ̃ːz]，[cyːre]，[licœːr]，[ɟø]才是。

这两个音，要是原来的语言里没有，学习起来就很不容易。学习的方法，最好是拿一件小东西——例如一支铅笔——把舌尖往下捺，然后发[t]，[d]二音；这样练习惯了，将来不拿东西捺舌头，也可以自然说得像。法国的各种土语里，这两个音很习见；例如

Ezy-sur-Eure 地方称“bateau”（船）为［baco］，“rideau”（幕）为［riɟo］；Fougerolles 地方称“porte”（门）为［pwɛːc］，“corde”（弦）为［kwɛɟ］。外国语里，也常有这两个音；例如 Croatie 语里的“noć”［noːc］（夜），匈牙利语里的“magyar”［maɟaːr］（匈牙利人）。

188. 后口盖爆发音［k］与［g］，是用舌根与软口盖的前端闭切成功的；例如“quart”［kaːr］（四分之一），“qui”［ki］（谁），“kiosque”［kjɔsk］（亭），“cou”［ku］（颈），“gant”［gɑ̃］（手套），“gué”［ge］（浅滩），“gout”［gu］（滋味）。

这两个音的闭切点，是有变化的：有些人说起来要偏前一点，有些人说起来要偏后一点。法语中比英德中都偏得前。要是后面所接的是“前舌母音”，它竟可以向前偏得和［c］与［ɟ］相近；所以巴黎西郊的流俗语中，要有前一节中所说的那一种现象。可是，在巴黎市内，要是［k］与［g］后面接着“r”一音的，其情状又适得其反：它可以直向后偏，偏到几乎与［q］与［ɢ］相近；同时“r”一音，也变作了［ʀ］或［ʁ］；例如“croûte”（面包皮），照理应读为［kʀut］，实际几乎读成了［qʀut］。

189. 小舌爆发音［q］与［ɢ］，就我所知道的说，欧洲语中从没有把它用作正则的读音的。可是阿拉伯语中，“qōf”一个字母，应读为［q］，不应读为［k］，例如“gahoua”（加非）。（土耳其人说的阿拉伯语里，以［k］代［q］，以［c］代［k］。）在赛米（Sémitique）语族的别种语言里，也往往有这一个音；例如 Eskimo 语里呼“山”为［qaqqaq］。［ɢ］音似乎是阿拉伯语里“ghaïn”一个字母的一种读法；它的正式读法是［ʙ］（看 § 223）。

190. 喉头爆发音［ʔ］，是用声带的闭切构造成功的。这是个无声子音；与它相当的一个有声子音，我们还没有发见。在咳嗽时，我们都是先将声带切闭了，然后突地开张，呼出一股极强烈的气来；例如[ʔh]，[ʔnh]，[ʔñhhnʔñh]。语言中，有时也要用着它。法语中虽然没有它的独立的作用，可是在字首母音之前，或在字尾母音之后，尤其是在情感词里，我们往往不知不觉的用着它；例如[ʔo]，[oʔ]，[ʔoʔ]，[hɛʔ]，[djaʔ]。在突然收住的一句话里，也可以用得着；例如"oui"[wiʔ]（是）。在英语里，也大致是这样。

在德国北部语里，[ʔ]是很重要的。几乎所有的字首母音之前，都要用着它；如其这种字首母音是重读的，就愈加非用不可；例如"der adler"[dər ʔaːdlər]（鹰）。普通的法国人，往往听不出这[ʔ]是个什么东西，可总也感觉到德语中字与字之间，是有点脱节的，不像法语中那样的一气联络；这脱节处，便是[ʔ]的所在。因此，以德国人而说法国语，例如把"il a été à Auteuil"（他从前在 Auteuil）说成了[ʔil ʔa ʔete ʔa ʔotœːj]，我们听上去自然觉得是很别致的。在字的中间，也有用[ʔ]的时候；例如"verein"[fərʔɑin]（社会）；在形式相同的"herein"[hərɑin]（在中间）一字里，可就用不着。有时候，在一个字里，有两个相接的母音，中间可以夹入一个[ʔ]；例如"theater"[teʔɑːter]。

这是说德国北部语；在南部语中，用[ʔ]的时候就少得多。

在丹麦语中，[ʔ]的用处极大，丹麦人称它为"stød"。例如"hun"[hun]（她）与"hund"[huʔn]（狗）两字，在音读上就全靠这[ʔ]做分别。在阿拉伯语中，这[ʔ]叫作"hamza"，其作用与其余诸子音一样重要；例如[qoːrʔɑːn]，原义为"书"，即"可兰"。

鼻　音

191. 鼻音的构造法，是将口腔闭住，同时将软口盖降低，使空气从鼻孔中向外出。空气在鼻孔中仍旧是自由的，所以我们听起来，几乎没有什么子音性的噪音。又，口腔闭住时，空气仍得改道向鼻孔中流出，并没有暂时停塞，所以到重新开口时，也没有真正的爆发。只在气呼很强烈的时候，鼻孔中可以稍稍有一点摩擦的声音。

大多数的语言里的鼻音，都是有声的。这有声的鼻音，分析开来说，只是噪音受到了鼻腔的共鸣作用，再加上一些轻微的摩擦，和一些轻微的爆发便了。

无声的鼻音在语言中用处很少：只有在很特别的情况之下用得着。非但鼻音如此，别种流音，也大都只用有声的，不用无声的。

把无声流音当作正式音读的语言，虽然很少，却并不是没有；例如冰洲语中有“hnakkur”[n̥akkør]（鞍），“hlaða”[l̥aːða]（装载），“hringur”[r̥iŋgør]（指环）等字；威尔斯语中有“mhen”[m̥hɛn]（我的头），“nhad”[n̥haːd]（我的父）等字。

鼻音与爆发音虽然大不相同，就构造的方法上说，却很相像；所异者，只是鼻道的开张而已。所以，假使我们把鼻孔塞住了发鼻音，所得结果，必与相当的爆发相像（但也只是相像，并不是全同，因为鼻音中还包含着鼻腔的共鸣）；例如“mon ami”[mɔ̃nami]（我的朋友）可以变得和[bɔdabi]相像，“un homme”[œ̃nɔm]（一个人）可以变得和[œdɔb]相像。伤风的人说[ʃsɥiɑrybe]“Je suis enrhumé”（我伤风了），就是这个缘故。

192. 双唇鼻音[m]的构造法，与双唇爆发音[p][b]的构造法完全一样。这是最自然，最容易发的一个音，因为，要是我们闭了嘴，用力呼气，我们就可以得到一个无声的[m]，即[m̥]；要是再把嗓音加上去，我们就可以得到一个有声的[m]，——在必要时，可以写作[m̬]。（可是，如果要做成一个完全的[m]或[m̥]，应当在起首的时候把嘴闭上，到完了的时候把嘴张开。）

法语中，通常所用的都是[m]，但也有时候要用到[m̥]；例如情感词中的“hem”[m̥ m̬]，“ehem” [m̬ m̥ m̬ː]。又，字尾的“m”，如果前面所接的是个无声子音，也往往读作[m̥]；如例“prisme”[prism̥]（三棱镜），“rhumatisme”[rymatism̥]（筋骨痛）。这种的[m̥]，听起来非常微弱，所以也有人索性把它省去了，读作了[pris]，[rymatis]。（可是，也有读作[prizm]，[rymatizm]的。）在说话说得快的时候，节首的“m”也往往可以受了无声子音的影响，变作了[m̥]；例如“monsieur”[m̥sjø]（先生），“il me semble que oui”[m̥sɑ̃p kəwi]（我觉得似乎不错）。这种的[m̥]，往往消失了鼻音性，变作一个微弱的[p]：[psjø]，[psɑ̃p kəwi]。

[m]的构造法，在各种语言中都是差不多的。

法语中的字尾“m”可以变作[m̥]，英德语中就不是这样。英语中的情形，与法语中正是恰恰相反：字尾“m”非但完全有声，而且还是切主；例如“prism”[prizm̩]（三棱镜），“chasm”[kazm̩]（裂隙）。德语中，例如“atem”（呼吸）一字，用心说的时候是[ɑːtəm]，说得快的时候就变作了[ɑːtm̩]；又如“leben”（生活）一字，用心说的时候是[leːbən]或[leːbn̩]，说得快的时候变作了[leːbm̩]。

意语中“nimfa”等字中的“m”，其构造法由双唇变而为“唇齿”（denti-labiale）；德语“fünf”（五）等字中的“n”，也往往如此。标音的时候，可以写作[m˧]。

193. 舌头鼻音[n]的构造法，就法语中说，和舌头爆发音[t]，[d]的构造法完全一样。[n̥]的用处是很少的，只在说话快的时候，处于节首而后面又有无声子音跟着的“n”，可以变作[n̥]；例如“je ne sais pas”（我不知道）可以读为[n̥sepa]，或更将[n̥]的鼻音性消失，读为[tsepa]。除此以外，所用的大都是[n̬]；例如“nord”[nɔːr]（北），“aune”[oːn]（古尺度名）。

别种语言里的[n]的构造法，也大都和它自有的[t]与[d]的构造法完全相同。所以，以英语的[n]与法语的[n]相比，就应当写作[n˧]才对。英语中的字尾“n”，有时可以做切主，例如“given”[ɡivn̩]（给了），“eaten”[iːtn̩]（吃了）。德语中也往往如此，例如“bieten”[biːtn̩]（愿）。

194. 口盖鼻音[ɲ]的构造法，与口盖爆发音[c]与[ɟ]的构造法完全相同。这是法语中用得着的一个音；例如“règne”[rɛɲ]（御宇），“vigne”[viɲ]（葡萄），“agneau” [aɲo]（羔羊）。可是，同别种音素比较，这是用得最稀少的一个音。在正则的法语里，它从没有用在字首的时候；在“俚语”（argot）中，都有时可以用得；例如[ɲaf]，[ɲɔl]，[ɲɑ̃ɲɑ̃]之类。在各处的土语中，也往往用着；例如Ezy地方的[ɲeːf]（枇杷），[ɲɔf]（痴愚人）；Val d'Ajol地方的[ɲœ]（九）。

有些人发这个[ɲ]音的时候，只得舌尖向上举起，并没有举到和口盖相接触的一步，就将软口盖降低，而使空气向口外流出。这样造成的音，并不是[ɲ]，是鼻音化的[j]，应当写作[j̃]；例如[rɛj̃e]“régner”（御宇），[sij̃e]“signer”（署名）；在巴黎Batignolles车站上，我们常听见管车的叫唤着[batiĵœl:]！——又有些人把[ɲ]说成了[nj]，其中[n]是个口盖化的牙音；这样，“régner”与“panier”（筐）二字的第二切音，就没有什么分别了。但也有与此相反，把[nj]读为[ɲ]的；例如[pɲpe]“panier”（筐），[maɲe]“manier”（使用）。——又有些人，[ɲ]一音是发得很正的，却在前面或后面，加插了一个[j]进去；例如把“régner”一字，读为[reɲje]，或读为[rejɲe]。

[ɲ]也和[c]与[ɟ]一样，在没有发这个音的习惯的人，学习起来是很难的。因此德国人说法国话，往往以[nj]为代用音（其中[n]一音并不口盖化）；在字尾的时候，甚至于以[nç]为代用音；他们把“peigne”（栉）说成了[pɛnç]，把“montagne”（山）说成了[mɔ̃tanç]，我们听了，觉得非常难过。

练发[ɲ]音，也可以用练发[c][ɟ]二音的方法，先用铅笔将舌尖往下捺，然后发[n]音。

除法语及其方言外，别种罗马语族的语言里，也大都用得着这一个音；不过构造法并不完全一样：普通都比法语中的偏得前一点。这一个音，意大利文中写作“gn”，西班牙文中写作“ñ”，葡萄牙文中写作“nh”。塞尔语族和斯拉夫语族的语言里，也有时可以用得着[ɲ]；日耳曼语族的语言里，就只有方言中用得着，正则语中是用不着的。

195. 后口盖鼻音[ŋ]的构造法，和后口盖爆发音[k]与[g]的构造法相同。法语中，只偶然因“同化”（assimilation）的关系而用到这一个音；例如“une longue main”（一只长手），本应读作[yn

lɔ̃g mɛ̃]，因[g]受[ɔ̃]的同化转为鼻音，亦可读作[yn lɔ̃ŋ mɛ̃]。

别种罗马语族的语言里，[ŋ]是用得着的，但只能用于[k]或[g]之前；例如“五”字，意语作“cinque”，读如[tʃiŋkue]；西班牙语作“cinco”，读如[θiŋko]：葡萄牙语亦作“cinco”，读如[siŋků]。

英语中，用[ŋ]的时候很多：可以用在[k]与[g]之前，也可以用在字尾，也可以介用于两个母音的中间，不过从没有用于字首的；例如“donkey”[dɒŋke]（驴），“finger”[fiŋgəɹ]（指），“singer”[siŋəɹ]（歌人），“sing”[siŋ]（唱）。德语中也是如此：“danke”[daŋkə]（谢），“finger”[fiŋər]（指）。别种日耳曼语族的语言里，情状也是一样。

法国人要学像[ŋ]音，往往觉得很困难。要是依着[ambɑ]，[anda]，[aŋga]，[abma]，[adna]，[agŋa]一类的方法多多练习，不久也就可以练会；因为我们已经有的是[b]，[d]，[g]，和由[b]与[d]转成的鼻音[m]与[n]，现在只须连类推去，再推出一个由[g]转成的鼻音[ŋ]便了。又在说“une longue main”为[yn lɔ̃ŋ mɛ̃]时，亦可仔细体味而有所领悟。

196. 小舌鼻音[ɴ]，构造法与[q][ɢ]两音同。Eskimo Grœnlandais 语中有此音；例如[anoɴe]（风）。

再往后，就是声门。声门闭了，肺里的空气就不能往外，当然就没有空气独到鼻孔里去，所以鼻音也就无从构造了。

边　音

197. 边音的构造法，通常都是把气道的中央部分关闭，而使空气从两旁出；但是，也往往有人把气道的中央和一旁都关闭了，而使空气只从一旁出。这两个的音构造法虽然不同，听起来都并不觉得十分两样。

边音也和鼻音一样，通常都是有声的；无声边音只在特别状况之下用得着。

要在嘴唇上构造出一个边音来，事实上是很容易的；只是，就我所知道的语言说，这种的音是从来没有用到过的。

198. 舌头边音[l]的构造法，在英德法三种语言中，各与其本国语中的[t]与[d]的构造法相符。若以英语[l]与法语[l]相比，则不同之处异常显明，尤其是在位置于字尾的时候。英语[l]的共鸣音(即副音)，比法语[l]的共鸣音低得许多；所以只须把两音略略一比，就可以见到它的不同处，——较之英语[t]与法语[t]间的不同处，更为显露。在必要时，我们把法语[l]写作[l⊢]，英语[l]写作[l⊣]。葡萄牙语中的[l]，其构造法不与本国语中的[t]与[d]相符，却与英语[l]很相像，也应写作[l⊣]。荷兰语及德国各种土语里的[l]，也都很像英语[l]甚而至于还要更低一点。

法语中处于字尾而又在子音之后的[l]，往往从有声转为无声：如果前面所接的是个无声子音，它就变为完全无声；如果前面所接的是个有声子音，它的声也要减损到相当的程度，使它不能做得切主，例如“peuple”[pœpl̥](民众)，“table”[tabl̥](桌子)。英国人要学习这样的音是很难的，因为英语中，在同样情形之下的[l]，都用为切主：“people”[piːpl̩]，“table”[teibl̩]，——反过来说，法国人要学习这种的英国[l]，也有同样的困难。有时候，[l]处于节首，后面接的是无声子音，要是说话说得快，也可以变成了[l̥]。

“peuple”“table”等字中的[l]，如果后面紧接的是个母音，它就可以保全它的声；例如“la table est prête”[latablɛprɛːt](台面摆好了)。——如果后面紧接的是个子音,那就有两个读法:第一个读法是插入[ə]音,保持[l]的声;第二个读法是索性将[l]省去;例如"le peuple français"[lə pœplə frɑ̃sɛ](法国民众)"boucle d'areille"[buklə dɔrɛːj]或[buk̬ dɔrɛːj](耳环)。如此说来,可见[l]只有在处于节尾的时候才能变为[l̥]。

199. 口盖边音[ʎ],即法国南部语及瑞士法语中之所谓"湿l"("l"mauillé):他们把"œil"(目),"briller"(发光),"vieillard"(老者)等字,读为[œʎ],[briʎe],[vjɛʎaːr]。法国北部并没有这个音:凡南部读[ʎ]的,北部都读[j];Picardie地方则读为[l]。有些人要学说这南方的"湿l",也往往学得极不像,变作了[lj];例如[œlj],[brilje],[vjɛljaːr]。这本是个很不容易学的音;要学它,应当一壁说[l],一壁用劲把舌尖往下抵,同时又要维持舌根原有的位置,不能向前移。

别种罗马语族的语言里,也用到这[ʎ]音:意大利文中将它写作"gl",西班牙文中写作"ll",葡萄牙文中写作"lh"。斯拉夫日耳曼两语族的各种语言里,也往往用到这个音,只是英德两语中不曾用到。

200. 后口盖边音[ɫ],是英德法三种语言中都用不到的。在葡萄牙语与波兰语里,尤其是在俄语里,这个音很有用处,不过构造上有些大同小异;例如俄语"pałka"(棒)。也有人用[l˧]代替这个音,再加上后口盖的缩敛,听起来也大致相像。在古法语中,应当有过这样的一个音;例如"chevals"一字["cheval"(马)之古式多数],当初必定读为[tʃəvɑɫs],次转为[ʃəvaus]"chevaus",再次转为今语的[ʃəvo]"chevaux"。

抖　音

201. 抖音之构成，是由于一种有弹性的发音器官的抖动，因而使气道在一个短时期之内，经过了很多次的很快的开合。当气道开的时候，空气是流通的；气道合的时候，空气就暂时停塞。所以，这种的音，可以认为许多小爆发音连续而成之合体；不过，因为气道开合得很快，我们耳朵里不容易听得很清楚；所以语言中，都把这种合体音认作简单的音；且因听起来与边音有些相像，就认它为边音的邻音。

要用上下两唇构造一个抖音，事实上是很容易的。不过，就我所知道的语言说，这种的音从来没有过正则的用处，只在情感词中可以用到；例如表示天气冷或嫌恶，几乎各处的人都用这样的一个音；又 Bretagne 人驱牛，丹麦人停马，也用这个音。

202. 舌头抖音[r]的构造法，是将舌尖向上举，使与上齿的后背或牙龈相接近，然后抖动。这就是法语中的“r”，即一般人所说的“抖音 r”（“r”roulé）；至于“喉音 r”（“r”grasseyé），后文另有说明。

发这一个音的方法，并不是大家一致的：也尽有许许多多的异同。最普通的一法，是将舌尖和牙龈相接近，抖动是极轻微的；在离巴黎不远的乡间，我们可以听见这样的一个音。

要学习[r]一音并不难，只须把[təda]与[ɡəda]说上无数次，说的时候，先用心将中间的[ə]音抽去，次将[d]音软化，其结果，必能不知不觉的说成了[tra]与[gra]（看 § 207）。

法语中的[r]，也和[l]一样，通常都是有声的；但是，假使以[l]所处的无声的地位换给[r]处了，[r]也就可以变作了无声的；例如“quatre”[katr̥]（四），“poudre”[pudr̥]（粉），“reparais”[r̥parɛ]（修理)。处于字尾的[r],比[l]更容易省掉;例如读"quatre personnes"(四个人)为[kat pɛrsɔn],读"notre table"(我们的桌子)为[nɔttabl],甚而至于读"notre ami"(我们的朋友)为[nɔtami],这在自命为读音十分正确的人,也是天天在说的。又联合字中的[r],也往往省去;例如"un quatre places"[œ̃katplas](一个四个位置的……),"un maître d'hôtel"[œ̃mɛtdɔtɛl](一个茶房头领)。

在法国西南部,凡处于字首,和处于子音之前与子音之后的[r],大都抖得很强;处于别种地位的,都变为[ɾ](看§207)。

西班牙语中也是如此;例如"honra"[onra](尊荣),"correr"[korreɾ](走走),"perro"[perro](狗),"pero"[peɾo](但)。学西班牙语要能把这两个"r"分别得清楚,也很不容易。

美洲的西班牙语中,凡[r]均变为[ɹ],[ɾ]则仍其旧。

意语中的"r",常与[r]相当,不过抖得强些;有许多法国人把它读成了[ʀ],那就完全没有意语的神味了。

德语中,也同法语中一样,[r]一音的变化是很多的,但也往往变成了[ɹ]或[ʀ]。

英语中,若就我们选为标准语的一种方言说,则[r]一音,只可以用在母音之前,无论在字首也好,在字中也好;其余的[r],就都变成了[ɹ],例如"red"[rɛd](红),"rare"[rɛːɹ](稀有),"arm"[aɹm](臂)。在英国南部和美国,[r]一音几乎不大用,——不变为[ɹ],即变为[ɾ]。

203. 要在口盖或后口盖上做出一个抖音来是很难的,虽然未必竟是不可能。可是,要做出一个小舌抖音来却很容易,只须把小舌对着舌根发抖就是:这个音可以用[ʀ]代表,即法国一般人所称为“喉音r”者是。法国各地，尤其是在各大都会里，往往用[ʀ]或[ʀ]的类似音替代[r]。巴黎所用的，抖动尤为微弱，已与[ʁ]相去甚近，而与[ʀ]相去较远（看§223）；这是个极不容易模仿的音，除非在儿童时代就不知不觉的学会。

说到有声与无声这一层，在法语中，[ʀ]与[r]是完全一样的。

法语中的“r”，当初只有[r]一个读法。后因时代变迁，在巴黎一处，读法屡有改变；例如我们现在所用的“chaise”（椅子）一字，当初原是“chaire”（此字至今尚用，但只作“讲座”解，不作普通的椅子解），出于拉丁语的“cathedra”，就其过程加以研究，可见必定有过一个时期，读作[ʃɛːɹ]；又十七世纪的喜剧家，也因当时人把“ɹ”读成了一个别致的声音，而故意摹拟当时的记载，都把这摹拟的声音写作“l”：究竟实际的声音是[ʀ]，还是[ɹ]，还是[ɾ]，我们无从断定。总而言之，[r]之变为[ʀ]，最初只是少数人的读音不正；后来有许多人故意模仿，结果乃使不正确的音，侵占了正确的音的位置。现在[ʀ]已经时髦到了极顶：在各大都会里，尤其是在巴黎城里，[r]一个音，已经几乎没有人知道；用这一个音的，只有歌人，伶人，演说家等，取其嘹亮和美，又可节省喉力。

在离巴黎不远的乡间，以及全国各小城市里，我们所听到的几乎完全是[r]；所以，我以为[r]是大多数的法国人——尤其是男人——所用的音。

在各种土语里，有没有同时并用[r]与[ʀ]两音的，我不大清楚；不过，我曾经听见许多人说过[kuriːʀ]“courir”（疾走），[muriːʀ]“mourir”（死），[geːriːʀ]“guérir”（病愈）等字，似乎中间很有规律。

在用[ʀ]的地域里，往往有人称[ʁ]或其类似音为“喉音r”；但是，就我所知道的说，从没有称[r]为“喉音r”的。

204. 附带说明——就语言的教育上说，这法语中的“r”，可以读作[r]，也可以读作[ʀ]，只须听任学生自己去选择较为容易的一个学习，不必加以勉强。有许多教师——尤其是英美的教师——他们自己为着要学像“巴黎 r”吃了许多苦，因而勉强学生们也跟他吃同样的苦；这真是无理取闹，因为在所谓“巴黎 r”上，实在犯不着吃许多苦；而况也尽有人吃了苦还是学不像，反弄得十分可笑。（我可以举出几个英国教师的姓名来：他们所读的法国音，什么都很好，独有这“巴黎 r”一样不好）。我们所要注意的，并不在于这[r]与[ʀ]的选择上，而在于此两音的抖动，均不宜太强；又无论用此音或用彼音，总应当清清楚楚的发出，不可因受前接音或后接音的影响，而使其性格变更；例知英国人和丹麦人往往把[marʃ]“marche”（进行）读成了[mɑːʃ]，瑞典人往往把[kɔrn]“corne”（角）读作了[kɔː n̥]，那就太差了。

205. 德语中的[r]，也有好多地方变成了[ʀ]，尤其是在大都会里。因此我们学习德语，也可以在[r]与[ʀ]之间随便选习一个。不过[r]有一样好处：它与德语中很习用的一个[x]音，比较不容易相混些。

德语中的[r]或[ʀ]，如果处于字尾或子音之前，往往可以变成了别的音，例如柏林人自称为[bɛɑliːnɑ]，不称为[bɛrliːnər]（Berliner）。这件事，已属于方言学的范围，不能再归在语言的教育里讨论。

英语中用得到[ʀ]的，只有 Northumberland 一处，即所谓

“Northumber 的喉音”(Northumbrian burr)者是。这是个不很普通的方音,在语言的教育上是不能用的。

据当地人的传说,此音之起源最初是由于那有名的 Capitain Harry Hotspur 的读音不正;后来他的部下一致模仿,结果就弄得通行全地了。

在葡萄牙语,荷兰语,瑞典语,挪威语中,[ʀ]与[r]是并用的。又西班牙语,荷兰语,阿拉伯语中,往往把[я]——即无声的[ʀ]——替代[x]或[ʁ]。

206. 半抖音——半抖音是抖音的变相;构造起来,是将有弹性的发音机关向着对方面轻轻的打去,却并不把气道完全关闭;而且,只打了一次就完,并不是频频抖动。其结果,好像构造了一个很软滑的爆发音;在耳朵里听来,这是个处于爆发音与边音与抖音的中间的一个音。

207. 法语中,处于两母之间的[r],有时也可以变成了舌头半抖音[ɾ];例如读[arɛt]“arrête”(止)为[aɾɛt]。在很疏懈的读音里,[ɾ]也往往可以做[d]或[n]的代用品:我听见有人把“va donc!”(去罢)说成了[vaɾ ɔ̃];又巴黎 Porte Maillot—Neuilly 火车站上,司事们报告站名,往往说成了[pɔʀtmajəɾiː]。

假使我们要从[tədɛ gəda]练习到会说[trɛ gra],中间必定要先经过[tɾɛ gɾa]一个阶级(看 § 202)。

西班牙语,葡萄牙语,及法国西南部语中,[ɾ]与[r]并用(看 § 202)。

英国南部语中,凡[r]处于两母之间,而前一母为短音者,大都变为[ɾ];例如[vɛɾe]“very”(甚),处于别种地位的[r],则变为[ɹ]

(看§218)。美国人说的英语中,处于两短母之间的[t],也往往可以变为[ɾ];例如“cottage”[kɑɾedʒ](小屋)。

挪威语中,有一个[ɾ]的变相音,是把舌尖向上举起了构造成功的。这音在挪威东部的流俗语中很习用,而且有一个古怪的名目,叫作“厚 l”(“l” épais);例如[oːɾɑ]“Olaf”(人名);[ɛɾva](河)。

别种语言中,也偶然有把[ɾ]代替两母中间的[d]的;例如丹麦语中的“kan du”[khaɾu](你能么?)。

有许多僻小的语言中,有一个子音,旅行家或写为“r”,或写为“d”,或写为“l”,亦许都应当读为[ɾ];例如纽西兰 Maoris 族中的“二”字,有“rua”,“dua”,“lua”三种写法。

208. 小舌半抖音,似乎是阿拉伯语中“ghaïn”一个字母的变读之一;其正读为[ʁ]。

摩擦音

209. 摩擦音的构造法,是将气道逼窄,使空气出口时不能自由,因而成为一种摩擦般的声音。

210. 双唇摩擦音[ꜰ]与[v]的构造法,是将上下两唇敛合,而使气道逼窄。发[ꜰ]音,同我们呼气吹灭灯火的情状一样;不过在重要的语言中,这一个音并没有很大的用处。至于有声的[v],却是荷兰语“wat”“wrocht”等字中的“w”:[vɑt],[vrɔxt]。(也有许多荷兰人不读为双唇摩擦音而读为“唇齿爆发音”,标音起来,可以写作[b˧]。但耳朵里所听到的,几乎是同样的音;因为以唇与齿相闭切,总不容易达到完全闭切的程度,所以造成的音,也不是真正的爆发音。这样的音也不妨写作[v];写得详细些便是[v˧⊥]。)德国中部人,往往把“v”读作[v];其余诸部的人,也有时这样读(看

§213)。葡萄牙语中,“b”在母音之后,通常都变作[v];例如“acabar”[akavar]。法国西南部的人,也有这样的习惯。

211. 此外还有两组摩擦音,其气道之逼窄,除双唇敛合之外还有口腔的别部分,跟着它同时敛合。这种的音,名叫“复性子音”(consonnes composées);其嘴唇的动作,较别部分的动作尤为重要。

这两组子音中的第一组,就是[ʍ][w]两音;其构造法,是将嘴唇敛圆,略向前伸,同时把舌根对着软口盖向上举。这与构造母音[u]的方法相同,不过双唇的敛合,更加吃劲些便了。

但是法语中的[w],其子音性并不十分显著;换句话说,就是构造的时候,双唇并不十分吃劲:空气与双唇所生的摩擦,并不很强。法语中所用到的,通常都是有声的[w];例如“oui”[wi](是),“ouate”[wat](棉絮)。若处于无声子音之后,则可由有声转而为部分无声;例如“paids”[pẘɑ](重量),“quoi”[kẘa](什么)。(译者按,所谓部分无声,是说前面与无声子音相接的一部分是无声,后面与母音相接的一部分是有声,故音标中不用[ʍ]而用[ẘ],意谓本系有声,转为无声,仍于无声中带有有声的意味;若欲分外明确,则应标作[ʍw]。)

法国南部语中,[w]都变为切辅性的[u],即[ŭ]。

意语中,也多半用[ŭ]而不用[w];例如[ŭɔːmo]“uomo”(人),[kŭi]“gui”(此地)。西班牙语中也是如此。

德语中没有[w]音。

英语中的[w],比法语中的[w]更富于子音性;而且,可以有声,也可以无声:有声的如“witch” [witʃ](巫女),无声的如

“which”[ʍitʃ]。(在英国南部语中，尤其是在很自然的言谈中，这两个字的读音没有什么区别:“witch”与“which”都读为[witʃ]。)处于无声子音以后的[w]，也可以像法语中一样，变为部分无声；例如“queen”[kw̥iːn]。(“which”一字，也往往可以读成[hw̥itʃ]。)

212. 第二组复性子音，就是[ɥ]音，其构造法，是将上下两唇敛圆，同时把舌头的前部向上举，有如构造[y]音一样，不过舌头的动作比较轻松些，嘴唇的动作比较吃劲些。

法语中的[ɥ]音，子音性并不很强。我们通常所用的，都是有声的；例如“huile”[ɥil](油)，“buis”[bɥi](黄杨树)。若处于无声子音之后，也可以变为部分无声；例如“puis”[pɥ̊i](后来)。

外国人要学说[ɥ]音，可以用[y]——或者用[ø]，那就更好一点——当作起点，用力把嘴唇收敛。如果是瑞典人，就不妨用他本国语中“hus”[hyːs](房子)一字的母音做起点。至于英国人，却应当留心:不要把[w]当作了[ɥ]，不要把[lɥi]“lui”(他)读成了[lwi]；要是真读不像[ɥ]，便读成了[lyi]，把一个切音改成了两个切音，却还不算大错。

法语之外，如果再要找到[ɥ]音，就只能到僻小的语言里去找；例如南非洲 Transvaal 的 Thonga 语中，谓“在前”为[mal̥ɥeːn]。

213. 唇齿摩擦音[f]与[v]，是用上齿与下唇接触了构造成功的；空气就从接触处的一条细缝中向外挤出，所以摩擦得很强。

法语中，[f]与[v]的用处是很多的；例如“fin”[fɛ̃](精细)，“vin”[vɛ̃](酒)，“neuf”[nœf](新，阳)，“neuve”[nœːv](新，阴)。这两个音对于一般的外国人都没有什么困难；只是德国人与北欧人，应当注意多用一点力，使摩擦强一点；荷兰人，西班牙人，和德国南部人，应当注意下唇与上齿之接触，不要似接非接，而使[v]变成了[ʋ]。

英语与意语中的[f]与[v]，和法语中的大致相同。

德语中的[f]与[v]，说起来并没有法语中的那样吃劲。所以德文中，凡读[f]的音，有时写作"f"，也有时可以写作"v"，凡读[v]的音，通常都写作"w"，例如"voll"[fol]（全），"füllen"[fylən]（装满），"wohl"[voːl]（好）。德国的中部和南部，[v]音大多转为[ʋ]；即在北部，[k]，[ʃ]，[ts]等音以后的[v]，亦往往读为[ʋ]；例如"zwei"[tsvɑi]（二）。

西班牙语中，也同法国 Béarn 与 Gascogne 两种土语中一样，[f]改用处是很少的，[v]是没有的；不过位置于母音之后的[b]，都转读为[v]。

[f]可与[p]合而为[pf]，[v]可与[b]合而为[bv]（看 § 279）。

214. 舌头摩擦音有好许多，因为舌头的部位略略有一点变化，声音就跟着变化；但也有时候舌头的部位已经变换了，而所构成的声音，听起来还仍旧很相像。

现在把这一类的子音，就其主要不同处，分作四组讨论。

215. 第一组是[s]与[z]，其构造法，是将舌尖与下门牙相切，舌边与上臼齿相切；舌面弯转，其前端与上门牙及牙龈相对，使气道十分狭窄；空气出来的时候，应先经过这狭窄的气道，次与下门牙相打击，次从上下门牙之间挤出，故所成之音，特别尖锐刺耳。

这两个音在法语中用处很多；例如"sel"[sɛl]（盐），"rosse"[rɔs]（庸人），"zèle"[zɛl]（热心），"rose"[roːz]（玫瑰花）。外国人

学说这两个音，普通都没有什么困难；只是西班牙人，北欧人，德国南部人，说起有声的[z]来，略略有些勉强；而德国北部人，又往往把字首的[s]说成了[z]。又原来语言中没有[ʃ]音的人（冰洲人，马达加斯加人，连葡萄牙人也可以算在一起），往往把[s]说成了[s˧]。

德语中[s]与[z]并用，但字首的“s”常读为[z]；例如“so”[zo]（如此）；其处于字尾的，则常读为[s]，因为德语中的字尾子音，无论是爆发音或摩擦音，都是没有声的。——德国南部语中，则不论字首字尾，均读为[s]。

意语中，[s]与[z]并用，与法语略同；例如“sei”[sεi]，“caso”[kaːzo]。

英语中也差不多；例如“seal”[siːl]（印），“zeal”[ziːl]（热心），“loose”[luːs]（宽弛），“lose”[luːz]（失）。

荷兰语中也差不多：不过字首的“s”也和德国北部语中一样，转读为[z]。北欧语及葡萄牙语中，只有[s]，没有[z]；而葡萄牙语中的[s]，都应写作[s˧]。

[s]可与[t]合而为[ts]，[z]可与[d]合而为[dz]（看§279）。

216. 第二组是[ʃ][ʒ]二音，其构造法与[s][z]二音相似：舌边向上卷起，与上臼齿相接；但舌尖并不向下而向上，因而舌面的前端，不与下齿相接，而与上齿龈相接，甚至于可与硬口盖的前端相接。[s][z]两音的舌面，是向上弯转的；现在不但不向上弯，反而有些向下洼的意味；又[s][z]两音的气道，是狭而长的，现在却变作了短而阔。

这两个音的构造法，也因语言之不同而略有差异：现在所说的，只是最普通的一种构造法。

法语中用到这两个音的，有如“champ”[ʃɑ̃]（野），“chou”[ʃu]（白菜），“vache”[vaʃ]（牝牛），“Jean”[ʒɑ̃]（约翰），“jone”[ʒu]（颊），“cage”[kaːʒ]（笼）等字。法国人说这两个音的时候，嘴唇略略有一点敛圆。

德语中，[ʃ]音是常用的；例如“schuh”（鞋）。德国人说这个音，嘴唇的动作，比法国人更为显明。[ʒ]音在德语中不大习用，只偶然在“借用字”（即向外国语中借用之字）中用到；例如“genie”（天资）读为[ʒeˈniː]，但也往往可以读为[ʃəˈniː]。有些方言里，[e][i]后面所接的[g]音，可以变为[ʒ]音；例如：“gegen”[geːʒən]（向）。

英国人说[ʃ]音的时候，嘴唇不敛圆而旁侈，这个音的用处很多，例如“ship”[ʃip]（船），“wish” [wiʃ]（愿）等字。[ʒ]音以用于“合子”[dʒ]中者为多；单独作为子音用的，只有类于“pleasure”[plɛʒəɹ]（快乐）一字的不多几个字。

意语中没有[z]，只有[ʃ]；例如“pesce”[peːʃe]（鱼）。

西班牙语中没有[ʃ]，也没有[ʒ]。——葡萄牙语中两音均有；例如“os braços”[uʒ brasuʃ]（臂，多数）。

[ʃ]可与[t]合而为[tʃ]，[ʒ]可与[d]合而为[dʒ]（看§279）。

217. 第三组是[θ][ð]二音，其构造法与前两组不同，气道的逼窄完全是舌尖的事，与舌面没有关系。舌尖或夹置于上下两齿之间，或只与上齿相接切而不问下齿之接切与否；所得结果，听上去仍旧是一样的。这两个音，与[ʃ][v]两音很相像，而实际完全不同。法国学校里，每以这两个音为学习英语中最难的音，而其实，

要学得像并不很难:只须置舌尖于上下两齿之间,一面照着发[s][z]两音的样,将空气挤出口外。

法语中(除 Savoie 与 Vaudois 两处的土语外),[θ][ð]两音都用不着;意语与德语也是如此。英语中,这两个音占很重要的位置:凡文字中写作"th"的,不读为[θ],即读为[ð];例如"thin"[θin](薄),"then"[ðɛn](于是),"wreath"[riːθ](花圈),"wreathe"[riːð](编制花圈)。

西班牙语中,有一个变相的[θ],其音与[s]相近。在文字中,通常都写作"z",如在母音之前,则写作"c";例如"razón"[ra'θon](理由),"cierto"[θiesto](的确)。美洲的西班牙语里,这[θ]音都变为[s]。——又西班牙语中的[d]音,如位置于母音之后,则切闭不完全,其音有类于[ð](亦犹[b][g]两音,如处于母音之后,则切闭亦不完全,而使其音有类于[v][g]);例如"amodo"(爱)一字,几乎可以读作[amaðo],或读作[amao]。(法国 Béarn 与 Gascogne 两处的土语里,也有这种情形。)

别种语言中,也有用到[θ][ð]的;如冰洲文中的"Þ""ð",今希腊文中的"θ""δ",威尔斯文中的"th""dd",都应当读成这两个音。丹麦语中,也有一个[ð]音的变相音;例如"gade"[gaːðə](街)。

218. 第四组是[ɹ]一音,其构造法,是将舌尖与上牙龈相接,舌面则任其自然,不像构造[ʃ][ʒ]两音时的两旁卷起,中间凹下。练习的时候,可以把[θ][ð]两音当作起点,渐渐的把舌尖往后缩,缩到与牙龈相接切时就好。

这个音是法语中所没有的;在英语中,却占了很重要的地位。在我们所认为可以做得标准的一种英语中,凡是字尾和无声子音前面的“r”，大多读为[ɹ]；这[ɹ]通常都是有声的，但若处于无声子音之前，亦往往可以读为无声；例如“rare”[rɛːɹ]（稀有），“hard”[haɹ̬d]（坚），“heart”[hɑɹ̥t]（心）。又往往可以省去了这[ɹ]一音的本体，而使前面的一个母音受到[r]化；换句话说，就是发前面的一个母音的时候，同时把舌尖向上卷，与牙龈相向，使人听到这母音时，也听到了一点[r]的意味；例如[haɹ̬d]可以读作[hɑ̆ͬːd]，[haɹ̥t]可以读作[hɑ̆ͬːt]。

英国南部语中，凡“r”处于字首的，处于子音之后的，处于两母之间而其前一母为长音的，都变为[ɹ]；其处于字尾与子音之前的，则省略不读；例如“red”[ɹɛd]（红），“try”[tɹ̥ai]（试），“Mary”[mɛəɹe]（人名），“rare”[ɹɛə]（稀有），“hard” [haːd]。发这个[ɹ]的时候，摩擦很少。

美国人说的英语中，无论“r”在什么位置上，都读为[ɹ]；即使处于短母音之后，也还是如此；例如“merry”[mɛɹe]（愉快）。但处于字尾与子音之前的[ɹ]，都变为“卷舌音”（son cacuminal），即发这[ɹ]的时候，舌尖并不与牙龈相接切，却向里面卷，与硬口盖相向。这卷舌[ɹ]可以标作[ɹ̣]。也有人省去了这[ɹ̣]的本体，而使前面作一个母音受到卷舌化；例如“hard”一字，可以读作[hạːd]。

德语中，[ɹ]没有正则的用处；只在方言中，处于子音之前的“r”，也有变读为[ɹ]的。

瑞典语与挪威语中，凡处于[t]，[d]，[n]，[l]，[s]等舌头子音之前的“r”都变为[ɹ̣]；这[ɹ̣]的卷舌性，可以延及于后面的舌头子音，或者是延及之后，[ɹ̣]自身又消失了；故“barn”（孩子）一字，可读为[baɹ̣n]，亦可读为[baːṇ]；“först”（第一）一字，可读为

[fœɹ̣ṣṭ]，亦可读为[fœṣṭ]。北欧人有了这习惯，所以说起法国话来，也把“corne”（角），“force”（权力），“perle”（珍珠）等字读成了[kɔːṇ]，[fɔṣ]，[pɛḷ]。（[ṣ]一音，与[ʃ]音极像。）

219. 舌音子音的变相音是很多的。例如南非洲 Bantu 语族里的[s]与[z]是噏合了嘴唇，像吹哨子一样吹出来的；标起音来，可以写作[6]与[ϱ]；例：Thonga 语，[6ɔŋgaɛi]（世界）。又如 Tcherkesse 人有一组子音，发起来，嘴唇是开张的，上下齿是咬紧的，舌头是平扁的，空气从齿缝中挤出，听上去有点像[ʃ]，又有点像[f]；标起音来，无声的可以写作[ɛ]，有声的可以写作[ȣ]。

220. 口盖摩擦音[ç]与[j]的构造法，是将舌头的中部向上举起，使与硬口盖相接切，与构造[c][ɟ][ɲ]三个音的状况一样；但气道并没有完全闭塞，空气仍旧可以从隙缝中挤出。这也就是构造母音[i]的方法，不过舌头向口盖挤逼得更紧便了。

法语中的[j]音，摩擦很少，与[i]音相差不多；例如“yeux”[jø]（眼，多数），“yak”[jak]（水牛之一种），“bien”[bjɑ̃]（好），“œil”[œːj]（眼，单数），“bataille”[batɑːj]（战斗）。这个音通常都是有声的；在处于无声子音的前面或后面的时候，也可以带着些无声的意味；例如“pied”[pj̊e]（脚），“feuilleton”[fœj̊tɔ̃]（报尾文艺栏）。——法国南部语里，凡文字中写作“ll”或“l”，而北部语中读为[j]音的，都变为[ʎ]音（看 § 199）；其余的[j]，则读为切辅性的[i]。

意大利语与西班牙语中的[j]，如处于字首，则与法语中的[j]大体相同；例如“jeri”[jɛːri]（昨天）（意大利语），“yerba”[jerba]（草）（西班牙语）。处于别种地位的[j]，则大多读为切辅性的[i]。

英语中的[j],子音性较为明显;例如"you"[juː](你),"young"[jʌŋ](幼),"due"[dju](欠)。"few"(少),"tune"(曲调)等字中的[j],多少有一点无声化的意味:[fj̊u],[tj̊uːn]。又"hew"(吹),"human"(人间的)等字,普通都读为[hj̊uː],[hj̊uːmən];但也可以读为[çuː],[çuːmən]:[h]是消失了,[j]是完全变作了无声的。

德语中的[j],摩擦极强,是个十分纯粹的子音;而且构造起来,舌面与硬口盖相接切的位置很前,使人听了很有些[ʒ]音的意味。但这是就一般而论,其因方言之不同而发生的种种差异,可就多至不可胜说;例如南部语中的[j],也往往可以变为子音性的[i]。——[j]音在德文中,通常都写作"j",例如"ja"[jɑ](是),"jahr"[jɑːr](年)。北部语中,"regen"(雨)等字中的"g",亦可读为[j]:[reːjən],在别处则读为[reːgən]。

德语中除有声的[j]外,还有一个无声的[ç];例如"ich"[iç](我),"recht"[rεçt](正确)。凡"i","e","ü","ö"的后面所接的"ch",并字尾"-chen"中的"ch",都应读为[ç]。别国人学习德语,往往觉得这一个音很难:其实并没有什么难处,只须把有声的[j]说做了无声的就是。

221. 附带说明——我们已经说过,[w][ɥ][j]三个子音,和[u][y][i]三个母音很相像,尤其是在摩擦少的时候;而摩擦少,又是很常有的事。因此,我们往往把这三个子音另归一类,叫作"半母"(semi-voyelles)。严格说来,半母并不限于这三个音:如英语中的[ɹ],葡萄牙语与丹麦语中的[ð](即处于两母之间的"d"),摩擦也很少,也尽可以归入半母这一类。

语言中，这[w][ɥ][j]三音有时当作子音看，也有时当作母音看。这在法语的"联诵"上，最容易看得清楚。例如"l'aiseau"[l wazo]（乌）与"le whist"[lə wist]（纸牌戏之一种）中同用[w]音，"les yeux"[lez jø]（眼）与"les jaks"[le jak]（水牛之一种）中同用[j]音，而前头两个都联诵，后头两个都不联诵。有时候，我们在这联诵上很难于决定；例如"ouate"（棉絮），说"la ouate"[la wat]好呢，还是说"l'ouate"[l'wat]？"hyène"（狼的一种）一字，还是说"la hyène"[la jɛn]好呢，还是说"l'hyène"[ljɛn]好？"iode"（碘）一字，还是说"du iode"[dujɔd]好呢，还是说"de l'iode"[də l jɔd]好？

222. 后口盖摩擦音[x]与[ɡ]的构造法，与后口盖爆发音[k]与[g]的构造法相当。英法意三种语言中，都用不着这两个音。西班牙语中，[x]的用处很大：在文字中，通常都写作[j]；有时也就写作[x]；而"e""i"以前的"g"，也应读为[x]；例如"bajo"[baxo]（低），"Xerez"[xereθ]（地名），"Mejico"或"Mexico" [mexiko]（墨西哥），"Texas"[texas]（邦名）。又，处于两母之间的[g]，亦可转读为[ɡ]，与处于两母之间的[b]与[d]得转读为[v]与[ð]一样；例如"luego"[lueɡo]（马上）。[也有许多西班牙人，把所有的"g"都读成了[ɡ]。这[ɡ]音与巴黎人的[ʀ]音很相像。因此有一次，有一个西班牙人问我：巴黎人读"gosier"（气管）与"rosier"（蔷薇科植物）两字，有什么分别没有！]法国 Béarn 与 Gascogne 两地的土语里，也有同样的情状。

德语中[x]一音的用处很多，即"ach"[ʔax]（情感词之一），"buch"[buːx]（书），"hoch"[hoːx]（高）等字中的"ch"；德国人称这种的"ch"为"der ach-laut"，其读为[ç]音的"ch"，则称为"der ichlaut”。这两个“ch”的音读上的转变，几乎完全以前接或后接的邻音为标准；但也往往有例外，如“-chen”中的“ch”通常都读为[ç]，而“Pfauchen”(小孔雀)就读为[pfɑuçən]，“pfauchen”(呼猫声)则读为[pfɑuxən]。——瑞士德语中没有[ç]音；所有的“ch”都读为[x]。

在我们所认为可以做得标准的一种德语中，[ɡ]音是没有的；但在北部语中，凡处于两母之间的“g”，而前一母为[a][o][u]三音之一者，亦往往有人读作[ɡ]；例如“wagen”(车)，可读为[vɑːgən]，亦可读为[vɑːɡən]，“bogen”(弓)可读为[boːgən]，亦可读为[boːɡən]。

荷兰语及俄语中，[x][ɡ]两音都用得着；丹麦语中单用[ɡ]音；单用[x]音的，有法国 Vosges 山一带的各种土语(例如 Val d'Ajol 地方人称“六”为[xɛi]，称“鱼”为[puxɔ̃])，苏格兰人说的英语，和塞尔语族中的各种语言(例如 Bretagne 人称“你”为“c'houi”[xwi])。

[x]一音，只须略略模仿，就可以学像；或者是先构造一个[k]，渐渐的把舌根上所用的劲减少，使完全的闭阻，变为不完全，也就像了。

223. 小舌摩擦音[ʁ̥][ʁ]的构造法，与小舌爆发音[q][ɢ]及小舌抖音[ʀ̥][ʀ]的构造法相当。就音质上说，它一方面是很像[ʀ̥][ʀ]，另一方面又很像[x][ɡ]；因此，凡是语言中有[ʀ̥][ʀ]或[x][ɡ]的，往往就有人读成了[ʁ̥][ʁ]。例如巴黎的少年人，几乎已经把[ʀ]的抖音性完全取消了而读成了[ʁ]，——通常都是有声的，在“poutre”(正梁)等字中，则转为无声的[ʁ̥]。西班牙语中的“jota”，严格说来，应读为[x]，但有时也可以读成[ɣ]。德语中的“ch”，有些地方的人（例如瑞士人）不读为[x]而读为[ɣ]。便是在德国本境之内，也有些地方的人把“r”“g”“ch”混为一谈；因而“bach”（溪）与“Barr”（地名）都读为[bɑɣ]，“wagen”（车）与“waren”（货物）都读为[vɑːɣən]。荷兰语中也是如此：“ch”与“g”可读为[ɣ]与[ʁ]。

丹麦语中以[ʁ]作正则的音读用；例如“ro”[ʁo]（平静）。这[ʁ]如处于母音之后，则很弱；甚而至于可以消失了它自身，而只使前面的母音，受到了它的[ʁ]化。如处于[p][t][k]之后则变为完全的无声；例如“pris” [pɣiːs]（奖），“tro” [tɣoː]（诚）。

阿拉伯语中，[ɣ]与[ʁ]都作正则的音读用；例如“khalifa”[ɣalifa]（副官），“maghreb”[maɣrɛb]（西方）。有时候，[ɣ][ʁ]中可以带一些抖音性，其结果就与[ᴙ][ʀ]很相近。又有时候，说[ʁ]一音，而气道几乎完全闭阻，那就和[ɢ]音极近了（看§189，§208）。

法语中所借用的阿拉伯字，其[ɣ]一音，每转为[k]；例如[ɣalifa]之为“Calife”。——[ʁ]则或转为[g]，或转为[r]；例如[ʁezal]之为“gazelle”（羚羊），[ʁaziva]之为“razzia”（敌地侵掠）。

224. 喉头摩擦音[h]与[ɦ]，是用声带构造成功的。发[h]音，是将左右两条声带略略靠拢（但没有拢到发生颤动的地位），使空气出来的时候，多少带一点摩擦。发[ɦ]音，似乎声门的前部，仍旧开张着，只略略合拢一点，使空气出来的时候，带有一点摩擦；声门的后部，则已闭拢到能于发生颤动的地位，空气从里向外出，因颤动而成嗓音。（译者按：这只是揣测之词，并无实验的根据，故文中用“似乎”二字。究竟[ɦ]是根本了生理上的何种条件构造成功的，这问题直到现在还无从解决；便是 Daniel Jones 的“An Out-

line of English Phonetics”里（§338），也说得异常含糊。但语言中有[ʎ]之存在，却是事实。我们现在只能承认它的存在，而将原理上的推求，暂且搁起。）

凡不能发[h]一音的，可先用“低声”（译者按：这是一般人所说的“低声”，实际就是“耳语声”，即北京人所谓“打喳喳声”）说一个[ɑ]音，接连下去说一个正则的[ɑ]音，其结果即为[ha]。

法语中，据一般人的意思，以为[h]一音是有正则的用处的；而按之实际，其真能用到此音，合着文法家的话语的，却只有 Normandie，Lorraine，Gascogne，Béarn 等处；例如“hibou”[hibu]（鸱枭），“la halle”[la hal]（菜市），“une haute montagne”[yn hoːt mɔ̃ːtaɲ]（一座高山）。这种[h]，普通都是无声的；若处于两母之间，则略略有声，近于[ɦ]。但是，在 Normandie 等处之外，全国各处，尤其是在巴黎，就都不是这种情形了：所谓“气音 h”（“h” aspiré），实际只是一个符号，表示“联诵”之不可能；例如“le hameau”（小村庄）之读为[leamo]，“les hameaux”之读为[ləamo]。但是，假使有两个母音相接，而后一母音为重读者，则亦往往有人于两母之间加一[h]；便是巴黎人，也往往如此；例如“là-haut”[laho]。不过，这个[h]是出于不知不觉的，其作用只是为免除两母之相混，与文字中原有的“h”并没有什么关系；所以文字中原来没有“h”的地方，读起来也可以加进[h]去；例如“fléau”（打麦器）之读为[fleho]，“Européen”（欧洲人）之读为[œrɔpehɛ̃]，“cent un”（一百〇一）之读为[sɑ̃hœ̃]，“réel”（真的）之读为[rehɛl]。在“aha”“oho”等情感词中，[h]是永远存在的。

巴黎等处以“h”表示联诵之不可能，并不是语言中自然的现

象，却是语言的教育家制造出来的现象。所以小孩子和不大读书的人，往往要破坏这一条规律；例如“un hérisson”（一个刺猬）读为[œ̃n erisɔ̃]，“les héros”（英雄）读为[lezero]（与“les zéros”（零号）之读为[le zero]同），“c'est honteux”（可丑）读为[sɛtɔ̃tø]。

意语和 Castille 的西班牙语中，都没有[h]。但西班牙有几种方言，也和法国 Béarn 与 Gascogne 两处的方言一样，凡字中的“h”从拉丁语“f”变来的，都读为[h]；例如“hijo”（子）读为[hixo]（Castille语读为[ixo]）。

德语中[h]的用处很多；有好多字，都用[h]起首；例如“hand”[hɑnt]（手）。德国人发[h]一音，用的劲比法国人大，而且普通都是无声的。

英语中的[h]，比德语中的略略弱一点。英国南部语中的[h]，目下只还有一班读书人在那里努力保全；所以，观其人之[h]已否脱落与是否误用，可以知其人所受之教育如何。

法国 Vosges 山一带的土语里，[ʎ]与[h]并用；例如 Val d'Ajol 地方称“一座高山”为[ɛn hoːt mɔʎɔ̃]。捷克语，Rutène 语，阿拉伯语中，[h]是没有的，[ʎ]却很普通。

225. 气管支摩擦音[ʜ]与[ǫ]的构造，是由于肺中气管支之收敛，因而呼出空气的时候，可以发生摩擦。[ʜ]一音，很有点像鹅的“锐鸣声”（sifflement）。至于[ǫ]，则其噪音发出时，就几乎要强迫着声带一同颤动，因此一向有许多人，把它当作了“喉头抖音。”（原注：把这两个音这样分析，有许多语音学者不赞成。译者的意思，也觉得这一说非常含糊，不能据为定论。）

阿拉伯语中有这两个音；例如[ʜalluf]（猪），[riːʜ]（风），

[ru:ʜ](精神),[ǫain](眼)。希伯来语中也必定有过这样的音;例如[no:ăʜ],[ǫe:sɑŭ](均圣经中人名)。腓尼基语亦然;例如Carthaginois annibal将军的名字,在原文应读为[ʜanni:baǫal],义为“Baal(腓尼基人的上帝)所爱的人”,中间就包有[ʜ][ǫ]两个音。

226. 摩擦抖音——这是摩擦音与抖音的合体。我们知道抖音之构成,是由于发音器官之抖动,而使气道不住的开合:开的时候,气道的状况是自由的;但是,假使并不是完全自由,而仍旧异常狭窄,使空气流出口外,仍旧带着些摩擦,——这样的音,就不是纯粹的抖音而是摩擦抖音了。

摩擦抖音只有一个捷克语中所用的“舌头摩擦抖音”[ř]最著名;例如[tři](三),[tʃtiři](四)。波兰语中亦有此音。

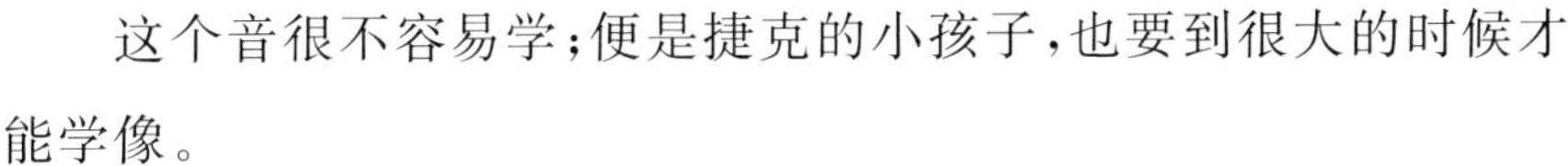

这个音很不容易学;便是捷克的小孩子,也要到很大的时候才能学像。

荷兰语,西班牙语,瑞士德语中,似乎往往有人用一个“小舌摩擦抖音”替代[x]音;阿拉伯语中,则有人用以替代[ʁ]音。

母　音

母音之分类

227. 我们已经说过(§34),母音是声带的颤动所构成的嗓音,再加上口腔的节制;换句话说,就是声带构成嗓音之后,流出口腔,口腔即为其共鸣器:要是共鸣器的式样改变了,嗓音所受到的节制也就改变了,因而嗓音的音质,也就跟着改变了。同为声带所构造的噪音，而能成为种种不同的母音者，其故在此。

我们也说过，发母音时，口是开张的，或者是半开张的，总而言之，气道是自由的。要是气道闭塞，那就是爆发音的现象；要是并不完全闭塞，而已狭窄得成为一道隙缝，那就是摩擦音的现象：要是因弹性器官之抖动而不住的开合，那就是抖音的现象；……要是母音也有这种的现象，那就不成其为母音了。

因口腔的式样有种种不同的变化而生种种不同的母音，所以研究口腔的式样，是研究母音中最重要的一件事。要是我们对着镜子发几个母音，我们立时可以看得出：每发一母音，嘴就变了一种式样；例如发[ɑ]音，嘴就张开到了最大度；发[i]音，嘴是半开半闭的，嘴唇两角向旁侈，好像微笑时一样；发[u]音，嘴向外略伸，嘴唇两角相向收敛，好像做一个悻悻不乐之态。（Molière 在 "Bourglois Gentihomme"一剧里，已经把各种母音的构造法加以形容；虽然他的态度是游戏的，他的观察法，在语音学上却很有价值。）

在这上面，我们很容易归结出一句话来：每有一个母音，就有一种特殊的口腔式样。我们要把母音分类，就可以把口腔的式样做基本。但这口腔的式样一句话，不能笼统看去，必须一层层的分析开来说，才能说得清楚。

第一，我们可以依据舌头与口盖相离的远近，而定口腔开合的程度。从这种程度上，我们至少可以分母音为四等：即"合口母"（voyelle fermée），"半合口母"（voyelle mifermée），"半开口母"（voyelle miouverte），"开口母"（voyelle ouverte）。

其次，舌头可以向后缩，而将舌根向上弯与软口盖相向；也可以向前伸，而将舌背（即舌头的中央部分）向上弯，与硬口盖相向。从这上面，我们可以把母音分为两大类，即“前部母”（voyelles d'avant）与“后部母”（voyelles d'arrière），或称“口盖母”（voyelles palatales）与“后口盖母”（voyelles vélaires）。（译者按：研究母音时所用的“前”“后”两字，与研究子音时所用的不同：其所谓“前”，范围以“前口盖”即“硬口盖”为限；所谓“后”，亦以“后口盖”为限；不比讲子音时，前可以到嘴唇，后可以到气管支。又，构造“前部母”，用的是舌头的“中部”而不是“前部”。这两层，务宜特别注意以免纠缠。）

最后，要看嘴唇的形式是怎样：是“自然”的（neutre），还是“旁侈”的（écartée），还是“敛圆”的（arrondie）。

正则母音

228. 就一般而论，嘴唇的形状，是与舌头的位置有关系的：凡发后部合口母，嘴唇都是敛圆的；发前部合口母，嘴唇都是旁侈的；发开口母，不论前部后部，嘴唇都是自然的。前文说过，闭合之间可以分作四等；故嘴唇之由自然而入于敛圆或旁侈，亦有程度深浅之分。

凡合这种条件的母音，叫作“正则母音”（voyelles normales）。

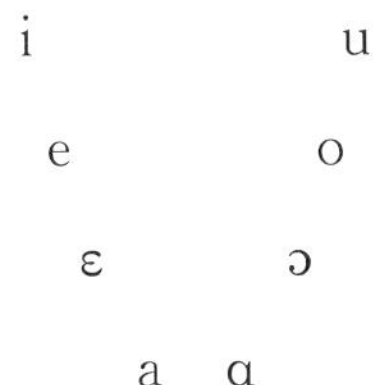

这是一个表示正则母音的部位的图：左边[i] [e] [ε] [a]四个

音是前部母，右边[u][o][ɔ][ɑ]四个音是后部母；各音位置的高低，即表示其舌头的位置的高低：舌头的位置愈高，则口愈合；愈低，则口愈开。例如发[i]音，须将舌头的中央部分，向着硬口盖弯到最高度，故口极合；发[e]音，舌头就降低了一点，所以口也张开了一点，以下可以类推。

229. 我们已经说过，各母音之构成，是由于嗓音受到了口腔的共鸣作用。譬如我们拿一个叫子，放在种种式样不同的管子或匣子里吹，耳中所听到的音，也各各不同。

要比较各母音间的共鸣音之异同，最好是用"打喳喳"的方法：因为用普通的声音说话的时候，共鸣音与嗓音混合在一起而被掩盖：到打喳喳的时候，就只有共鸣音而没有嗓音了。我们用打喳喳的方法把这八个音。

u —o —ɔ —ɑ —a —ɛ —e —i

挨次说去，我们很容易听得出；起头的音质是低的，到后来就愈变愈高。

当发[u]音的时候，舌头向后缩，舌根向上弯，嘴向前尖，嘴唇收敛作椭圆形；照声学上说，这样的一个共鸣器所构成的音质是低的。发[i]音的时候，舌头向前伸，向上举，口腔的容量极小，开门处又不是圆孔而是扁孔，所构成的音质，应当是高的。其余介于这两音之间的各音，可以类推。

230. 每一个母音的共鸣音的本身，包有一个基音和许多副音。基音的"绝对的高低"，对于任何母音的共鸣上都是不能固定的：它是随人而异，与口腔的形式大小等都有关系的；——但"相对的高低"是固定的：各共鸣音间的比例，是不变的，或者说，大致是不变的。其比例如下：

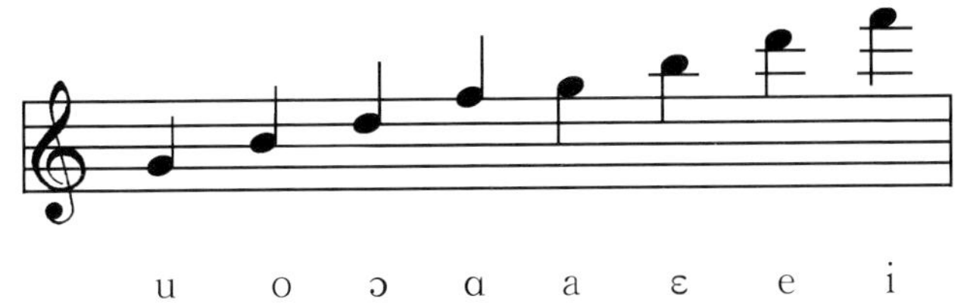

可见后部母由合而开，高低间进了七度；前部母亦然，不过全体都升高了一"协"(octave)。

我们即使不用音叉而只用 piano 或 flûte，也可以证明这样的比例很正确：只须一面用喳喳音唱着各母音，一面用乐器上所发出的相符的音和它比较。

基音的相对的高低，叫作母音的"本调"(tonalité)。

231. 各母音中，其近于固定而在音质上较"本调"尤为重要者，即基音与其各副音间的比例。研究这种的比例是非常烦杂的，本书只能略而不论。

[译者按：关于母音的音质上的研究，虽然已经有许多学者费过了许多工夫，可是直到现在，还在争持不已，不曾能有得一种很强固的学说。其争持最烈之点，在于副音的高低，究竟是固定的还是跟着基音改变的。这两说各有各的理由，也各有各的实验上的依据；只是根本不同没有调和融会的可能。观本书 21，22，34 各节，似乎作者偏向于副音不固定说。(原书话语较略，译文中为求一般人之容易了解，略加补充，但本意完全未变。)但到了现在的 229，230，231 三节中，又似乎转到了固定说上，而中间又要参加一些不固定说的意味。这样一来，反弄得两面都说不过去。又 229，230 两节中，名词也有用错的，话句也有因缠纠不清的缘故

而说得不可解的，译文中只能照直搬过来，无从校改；因为这是个根本上就很麻烦的问题，若要条分缕析的证明它的错误而加以纠正，简直可以另写一部专书。好在这是实验语音学及纯理语音学一方面的事，在我们这部讲普通语音学的书里，便把那几节不妥的完全删去了也不算什么。]

非正则母音

232. 发正则母音的时候，舌头与嘴唇的动作，对于音质的高低上是一致的。发"非正则母音"(voyelles anormales)，这两种动作对于音质上就处于相反的地位。例如发[y]音(法语"nu"[ny](裸)字中的母音)，舌头的位置像[i]音一样，所构成的音质，应当是高的；嘴唇的形式像[u]一样，所构成的音质，应当是低的。

这样构造成功的母音，其本调当然处于不高不低之间；不过，舌头比嘴唇更活动，所以它对于构造共鸣器上，占到了较大的势力；因而我们判别各音的本调，大部分仍以舌头的动作为标准。

(译者按：此节亦是直译原文不甚可靠。)

233. 最通用而又最足以表显特性的几个非正则母音，其构造法都是取前部某等正则母音的舌头的部位，配之后部同等正则母音的嘴唇的式样；或者是，取后部某等正则母音的舌头的部位，配之以前部同等正则母音的嘴唇的式样。例如[y]，舌头的部位同于前部合口母[i]，嘴唇的式样同于后部合口母[u]；[ø]，舌头的部位同于前部半合口母[e]，嘴唇的式样同于后部半合口母[o]。但是，这只限于合口，半合口，半开口，三等；开口一等，不论是前部是后部，嘴唇的式样都是自然的，因而正则与非正则之分，也就无从说起了。

现在我们可以在原有八个正则母音之上，添加六个非正则母音，排列如下图：

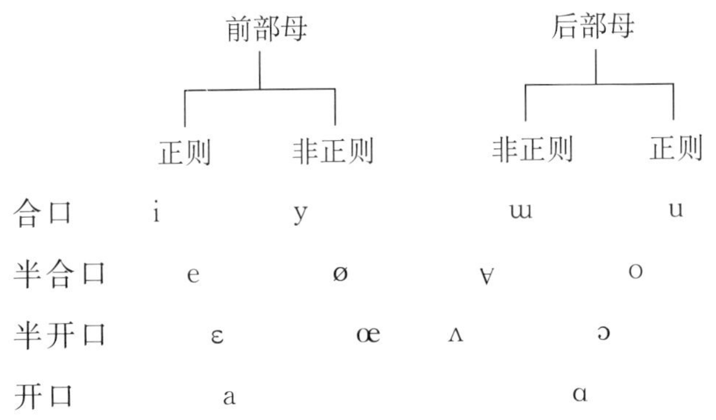

中部母音

234. 在前部母音与后部母音之间，还可以有一种中部母音(voyelles moyennes)；其构造法，是将舌背与舌根间的一部分，向着硬口盖与软口盖的交界处弯起；这种母音的音质，都在不高不低之间，而且通常都不大清楚。

譬如就合口一等而论，我们可以构造出[ï][ü]两个音。[ï]音的嘴唇是自然的，或者是旁侈的；[ü]音的嘴唇是敛圆的。[ï]是[i]与[ɯ]的中间音，[ü]是[u]与[y]的中间音。

这样，我们可以在已有各母音之上，再加七个母音；排列如下图：

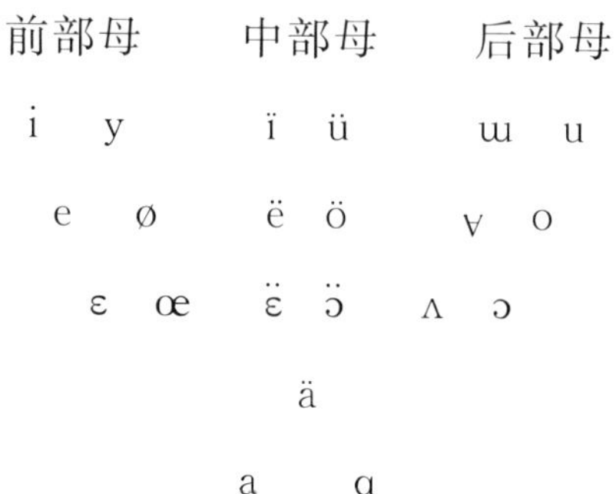

紧母与宽母

235. 发母音时，因发音机关中筋肉的宽弛与紧张，也可以使音质上发生变化，因而有“紧母”与“宽母”(voyelles tendues et relâchées)的分别。(这究竟由于那一部分的筋肉的张弛，现在还没有能研究得明白。亦许是声带。)例如法语“site”(风景)与英语“sit”(坐)两字中的“i”，中间显然有宽紧之不同：法语中的是紧的，英语中的是宽的。在必要的时候，我们可以借用法文中的锐号“ˊ”与钝号“ˋ”，表示它们的分别：法语[sí t]，英语[sìt]。

无论那一个母音，都可以读得紧，也可以读得宽；宽紧之间，也还可以分出许多的等级。

母音分论

236. 现在要把前文所说的母音；逐个讨论：要说明各种重要语言中所用的各母音，与我们所定的各母音的标准，色彩上有无异同。表示这色彩的异同的记号有六个：[˖]，表示舌头更向前伸；[˗]，表示舌头更向后缩：[˔]，表示口更合；[˕]，表示口更开；[ɔ]，

表示嘴唇敛圆的程度增加;[c],表示嘴唇敛圆的程度减少。这所谓“更”与“加”“减”,都是对于已定的母音的标准而言。

237. [u]——法语中的[u]音,可以长读,也可以短读;例如“route”[rút](路),“rouge”[rú:ʒ](红)。法语中的母音都是紧张的,这[u]音也当然不能两样;但也有些例外,后文另行说明。法国人读这个音,略略偏向前面一点:[u⊢],尤其是在读作长音的时候。

意大利语与西班牙语中的[u],完全与标准的[u]音相合。

德语中也是如此;只是在读作长音时,都是紧张的;读作短音时,都是宽弛的;例如“nur”[nú:r](只),“dumm”[dùm](蠢)。但开类弱切音中的[u],却是短而紧的;例如“du kommst”[dú kòmst](你来)。——德语中长音紧读,短音宽读,并不限于[u]音,几乎所有的母音都是如此。

但在德国南部语中,长短音之间没有宽紧的分别。

英语中与德语中相似:[ú]是长的,[ù]是短的;例如“fool”[fú:l](愚人),“full”[fùl](满)。但在[ɹ]之前,则[ù]亦长读;例如“poor”[pù:ɹ](穷苦)。

英国南部语中,[ú:]转为[ùw],[ù:ɹ]转为[ùə]。——苏格兰人所说的英语中,[ù:ɹ]读为[ú:r]。

荷兰语中亦有[u]音(文字中写作“œ”);丹麦语,冰洲语,以及塞尔斯拉夫两语族中的各种语言,也都有这一个音。瑞典语与挪威语里,没有[u]而有介于[u]与[o]的中间的一个音;舌头的位置同[o]一样,而嘴唇的式样则同[u]一样;标音起来,可以写作[ʊ];例如“ko”[kʊ](母牛)。——挪威语中还有一个“短 u”,例如“kung”(王)字中的“u”,其构造法很不容易断定,亦许是[ɔ̈]音的一种变相。

238. [o]——这是法语中“peau”[po](皮),“aune”[oːn](古尺度名)等字中的母音。意语中亦有此音;例如“bótte”[botte],“come”[koːme]。

德语中有长的[ó]与短的[ò];例如“sohn”[zòːn](儿子),“sonne”[zònə](太阳)。但“sonne”一字,也往往读成了[zɔnə],把[ɔ]替代了[ò]。——文字中写作“eu”的一个合母,读法有[oi][oy][øy]各种;其最习用的一种读法,是将起首一部分读作[ò]。

英语中,紧而长的[óː],只在苏格兰人的口音中还保存着:他们读“rose”(玫瑰花)为[róːz],同法国人的读法一样。其余各处,[oː]都转为合母:北部音中转为[óú ᴛ],南部音中转为[òù ᴛ],甚至于转为[ɔ̀ù]。因此缘故,英国人要学说法语中的[ó],简直是难到了极顶,尤其是字尾的短[o];他们把我们的“chaud”[ʃo](热)字读作了[ʃɔo]。但法国人要学说他们的合母,却并不很难。

239. [ɔ]——法语中的[ɔ]音是不大纯粹的:舌头的位置,多少总偏向前面一点:[ɔ ⊢];例如“comme”[kɔm](有如),“tort”[tɔːr](错误)。长读的[ɔ],往往比短读的[ɔ]口更开一点,舌头的位置更偏向前一点,尤其是在处于[r]之前的时候。 在法国南部,[o]音或[ɔ]音,普通都转变为[o]与[ɔ]间的一个介音,即[o ᴛ]或[ɔ ⊥];西班牙语中,也有这样的一个音。

德语中,[ɔ]音不作正用,但有时可以把[o]音转读为[ɔ]。

英语中,有一个[ɔ]的变相音,口极开,与[ɑ]相近;标音起来,可以写作[ɔ ᴛ]或[ɑ ɔ];但为简便起见,不如特造一个新符号:[ɒ]。

此音长而紧读，有如“law”[lɒ́ː]（法律）；短而宽读，有如“dot”[dɒ̀t]（点）。——[ɒ]音有一个变相音：[ɒ ⊥]，为合母[ɒ ⊥ i]中的主音；“boy”（童）中的“oy”应读为这一个合母。

瑞典语与挪威语中的[ɔ]，圆唇的程度很高，应写作[ɔ ɔ]，听上去，好像是[ɔ]与[o]中间的一个音。

240. [ɑ]与[a]——为说明上的便利起见，我们把这两个母音放在一起讨论。在法语中，有这两个音的很好的例：“pas”[pɑ]（步），“pâte”[pɑːt]（浆）；“patte”[pat]（鸟兽的脚），“part”[paːr]（部分）。假使我们对着镜子发[ɑ][a]两音，我们可以看得出：舌头都不很向上弯，几乎都是平的；不过发第一音时，舌头向后缩；发第二音时，舌头向前伸。

法国南部，几乎无论什么地方，都只有一个“a”，其地位应处于[ɑ]与[a]之间；长短间的分别，也不十分明显；“pâte”和“patte”，都读作[pa⊣t]，或[pɑ⊢t]。

意大利语及西班牙语中，情形也差不多是这样；不过意语中的“a”，略近于[ɑ]，班语中的“a”略近于[a]。

德语中的“a”，变相很多。就我们所认为可以做得标准的一种德语说，却只有一个“a”，其价值为[ɑ⊣]，换句话说，就是处于[ɑ][a]之间，而与[ɑ]较为接近的一个音；例如“ich kann”[iç kɑn]（我能），“der kahn”[dər kɑːn]（小船）。——[ɑi][ɑu]两合母，均以此音为主音；例如“bein”[bɑin]（足），“baum”[bɑum]（树）。

英语中，有一个长读的[ɑ⊥⊢]，例如“father”[fɑːðəɹ]（父）；和一个短读的[a]，例如“man”[man]（人）。第一个音和法国的[ɑ]很不同；英国人听见了法国的[ɑ]，往往以为是个[ɒ]；所以我们说

“pas”[pɑ](步，法语)，他们可以听做了“paw”[pɒː](兽足，英语)。——第二个音，在苏格兰人的口音中，几乎与法国的[a]完全相同；在英伦北部，则略略偏向前面一点：[a⊢]；在英伦南部与美洲，则于[a]音中带有[e]音的偏向，因此也有人特造了一个符号代表它：[æ]。——另有一个[a]音的变相音，与[ɛ̈]相近(亦许可以写作[a⊣⊥])，为[ai] [au]两合母中的主音；例如“time”[taim](时)，“house”[haus](屋)。

美国人说的英语中，于长[ɑ]之外，还有一个短[ɑ]；凡英人读为短[ɒ]者，美人均读为短[ɑ]。

荷兰语中有一短[ɑ]，一长[a]；瑞典语中适与相反：[ɑ⊣]长读，[a⊣]短读。挪威语中只有一个[ɑ⊣]；丹麦语中有[a]，如与“r”相接，则变为[ɑ⊢]。

241. [ɛ]——这就是法语“lait”[lɛ](牛乳)，“jette”[ʒɛt](投掷)，“tête”[tɛːt](头)等字中的母音(读作长音时，口较读作短音时略开，尤其是在处于[r]之前的时候)。意语中亦有此音；例如“cioè”[tʃɔˈɛ](就是)，“piede”[pjɛːde](脚)。

德语中，有短[ɛ]，也有长[ɛ]，开口的程度，比法语中的[ɛ]差一点；甚而至于可以转成[è]音，尤其是在读作短音的时候。这一个音的用法，因方音之不同而大有差异；就最普遍的说，凡文字中写作“e”的，均短读；写作“ä”的，长读短读均可；例如“denn”[dɛn](于是)，“gähnen”[gɛːnən](打呵欠)。

英语中有短读的[ɛ]，例如“men”[mɛn](人)，“send”[sɛnd](送)；其长读者，只能用于[r]或[ɹ]之前；例如“Mary”[mɛːre](人名)，“there”[ðɛːɹ](彼处)，“careful”[kɛːɹfl](用心)。

英国南部语中，短[ε]都转读为[è]；长[ε]则变为合母，例如"there"之读为[ðεə]。美洲的英语中，短[ε]亦转读为[è]。

242. [e]——这是法语"nez"[ne]（鼻），"pied"[pje]（足），"élevé"[elve]（高举）等字中的母音。在"gémir"[ʒeːmiːr]（叹息），"maison"[meːzɔ̃]（屋）等字中的[eː]，实际只是中长音，并不是全长音；全长的[eː]，只见于方言土语之中[例如读"mère"（母）为[meːr]，与"mer"（海）之[mεːr]异]，到了巴黎语及通用的法语里，就都变成了短读的[ε]。

意语中亦有此音；例如"questo"[kŭesto]（这个）。

西班牙语中有一个[e⊥]，是[e]与[ε]中间的一个音（译者按：[e⊥]疑当作[e⊤]）；此音颇有变化：例如处于"r"之前，则口较开；故"ver"[beɾ]（看）与"ve"[be]两字中的[e]，价值不同。

德语中，就正则的音读而论，只有一个长[e]；短[e]都变成了[è]或[ε⊥]。试以"beet"[beːt]（床）与"bett"[bεt]（床）相比；"sehne"[zeːnə]（筋）与"senne"[sεnə]（牛群）相比。

英语中的[e]，也和[o]一样（看§238）；这就是说，紧而长的[e]，只在苏格兰人的音读中还保存着；例如"maid"[meːd]（少女），"bake"[beːk]（焙），"there"[ðeːr]（彼处）。英伦的音读中，[eː]在[r]之前则变为[εː]，在别处则变为合母[éi⊥]；这合母[éi⊥]在英伦南部，又变成了[èi⊥]，甚而至于变成了[έè]。因此，英国人要学说法语中的[e]音非常困难；便是"nez"（鼻）"été"（夏）等小字，在他们也很不容易读得好。要制胜这一种困难，应当把[a—ε—e—i]与[i—e—ε—a]往返的诵读；一面对着镜子看：在读[e]音的时候，舌头的位置，是否恰恰在[i]音与[ε]音的中间。这种练习做过了，接着就可以学说“pied”（足），“panier”（筐），“pitié”（恻隐）等字，因为这许多字里的[e]音，比较容易学像一点。（要练习[o]音，也可以取类似的方法。）

243. [i]——这是法语“fini”[fini]（完了），“pire” [piːr]（更劣）等字中的母音。意语与西班牙语中，也都有这一个音。

德语中的[i]，情状与[u]完全一样：读为长音时，或处于开类弱切音中而读为中长音时，都是紧音；读为短音时，则为宽音；例如“die bienne” [dí bí ːnə]（蜜蜂），“ich bin”，[ʔìç bìn]（我是）。

英语中也是如此；例如“seat”[sí ːt]（座位），“sit”[sìt]（坐）。但在[ɹ]之前，宽[í]可读为长音；例如“deer”[dìːɹ]（鹿）。

英国南部语中，[ìː]转为[ij]，[ìːɹ]则转为[ìə]。苏格兰人说的英语中，[ìːɹ]转为[ìːr]。

244. [y]——这是法语“nu”[ny]（裸体），“pur” [pyːr]（纯粹）等字中的母音。德语中亦有此音，长读为紧音，短读为宽音；例如“hüte”[hýːtə]（帽，多数），“hütte”（小舍）。北欧语中亦有此音；但在瑞典语中，则分歧而为两个变相音：其一，嘴唇的式样，由圆的变而为部分的不圆，例如“kyrka” [cçyrka]（教堂），“flyga”[flyːga]（飞），如果要记载得精密，应当写作[y ꜀]。——其二，舌头的位置略近于[e]，嘴唇的式样则与[y]同，我们特制一个符号表示它：[ʏ]；例如“hus”[hʏːs]（房子）。

英语意语西班牙语中，都没有[y]，也没有其余的两个前部非正则母音（即[ø]与[œ]）。这几国的人学说法语，[y]音都说得很坏；尤其是英国人，照例要把“une rue”[yn ry]（一条街）说成了[jun ruː]。要校正这种的缺点并不难：只须先用劲说一个“u”，把嘴唇向前伸，好好的敛圆着；于是，一面坚持着这嘴唇的式样（必要时，可以用手指帮帮忙），一面把舌头从[u]的位置改为[i]的位置，其结果即是[y]。——这样练习之后，再把[i-y][i-y]连续的说；这时候，自己可以感觉得到：舌头的位置不变，只有嘴唇的式样变。接着再把[u-y][u-y]连续的说，其结果恰恰相反：嘴唇的式样不变，只有舌头的位置变。用这种的方法，可以把[y]音练习得很正确；余外的两个前部非正则母音，也可以用类似的方法练习。

（附带说明）严格说来，发[i][y]两音时，舌头的位置并不完全一样。德法两语中的[y]（亦许别种语言里的[y]也是如此），舌位比[i]音低一点，而与[e]音相近；不过这里面的区别很微弱，实际上尽可以不问。

245. [ø]——这是法语"peu"[pø]（少），"meute"[møːt]（群犬）等字中的母音。德语中亦有此音：长而紧的有如"schön"[ʃøːn]（美），短而宽的有如"können"[kønən]（能于）。英意班三语中都没有这个音。英国人要想学说得像，比学说[o][e]两音更难；但是，假使他能于学像了[e][o]两音及[y]音，再要学这[ø]音就很容易了。

246. [œ]——这是法语"peuple"[pœpl]（人民），"peur"[pœːr]（恐怖）等字中的母音。德国方言中，也有用它替代宽短的[ø]音的；例如读"können"为[kœnən]。英意班三语中，都没有这个音。

法国南部语中，通常都把[ø][œ]两音说成了[ø]与[œ]中间的一个音。

247. [ɯ]——这是个很不习用的后部非正则母音：舌头的位

置与[u]同，嘴唇的式样与[i]同。Arménie 语中有此音。俄语中所谓"jery"，有种种读法，此音即是一种；例如"syn"[sɯn](儿子)。

248. [ʌ]——舌头的位置同于[ɔ]，只是嘴唇不圆。听上去，与[a]音很相近。

这是英语中极普通的一个音，即"but"[bʌt](但)，"club"[klʌb](俱乐部)，"summer"[sʌməɹ](夏)等字中的母音；这是个短而宽的音，而且舌头的位置略略向前偏一点；写得详细些，应当是[ʌ̀⊢]。没有受过耳听训练的法国人听这个音，似乎和[œ]音很相像；所以往往有许多法国人，把"but"读成了[bœt]，把"club"读成了[klœb]；英国人听见了这种的音，心上总觉非常难受：与其把[ʌ]错成了[œ]，还不如错成了[a]好一点。

249. [ɛ̈]——这一个中部母音，无论就舌头的位置而论或就嘴唇的式样而论，都的的确确处于[ɔ]与[ɛ]两音的中间。英语"nurse"[nɛ̈ɹs](看护妇)，"church"[tʃɛ̈ɹtʃ](礼拜堂)等字中的母音，就大体说，就是这一音。标音时，为简便起见，也可以写作[ʌ]，因为[ɛ̈]与"but"等字中的[ʌ⊢]很相像；而且，[ɛ̈]的位置必在[ɹ]之前，[ʌ⊢]的位置却从不在[ɹ]之前，两者不至于有相混的机会。

250. [ï]——这是在俄语中与[ɯ]交错并用的一个音。威尔斯北部语中亦有此音；例如"duw"[dïŭ](上帝)。

251. [ü]——这是个中部圆唇音，是[u]与[y]中间的一个音。挪威语中有此音：例如"hus"[hüs](屋)。

(附带说明)古法语中一定有过这样的一个音，因为从拉丁语"lūna"(月)中的[u]音(意班两语中还保存着)，变而为现代法语

“lune”中的[y]音，中间必定要经过这一个阶级。

鼻化母音

252. 以上所讲的母音，都是喉头的嗓音，加以口腔的共鸣音而构造成功的。要是我们读一个字，例如法语中的“rente”（卖），我们立时可以觉得：空气不但从口中出来，而且同时还从鼻孔中出来：因此，这一种母音之构成，不仅于嗓音之上受到了口腔的共鸣，而且还受到了鼻腔的共鸣。要是我们在发这样的音的时候，把手指轻轻的按在鼻孔边上，我们可以感觉得到很明显的颤动，要是把鼻尖捏住，使空气不能从鼻孔中出来，音质就马上改变了。若不发这一类的音而发普通的母音，则轻按鼻尖时，并不觉得有什么颤动；重捏鼻尖时，音质也并不改变。

这一种的母音，通常叫作“鼻母音”（voyelles nasales）；说得正确些，应当是“鼻化母音”（voyelles nasalée）。[我们可以把通常的母音叫作“口母音”（voyelles orales），以与鼻化母音相对。]

发口母音的时候，软口盖维持着平常的状况，将鼻腔闭住，使空气只能从口里出来；发鼻化母音的时候，软口盖往下降，使空气不但可以从口里出来；而且还可以分出一部分，从鼻孔里出来。所以，鼻化母音是口鼻并用的一种音：它不像口母音之只用口而不用鼻，也不像子音中的鼻音，只用鼻而不用口。

每一个口母音，都可以有一个相对的鼻化母音；这就是说，无论发那一个口母音，只须一面保持着原来的构造法（舌头的位置与嘴唇的形式），一面把软口盖降低，使空气分出一部分从鼻孔中出去，结果就是鼻化母音了。因此，我们对于鼻化母音，并不一个个的特造音标，只就相符的口母音上，加一个名叫“tilde”的符号：[~]，以表示鼻化；例如[õ]为[o]的鼻化音。

253. 据我想，鼻化母音是无论哪一种语言中都用得着的。例如人家问我们问什么语，我们急着要回答，往往先用一个音质不大明显的鼻化母音去切断他的话头；这样的一个音，亦许可以写作[ə̃ː]。又在普通的语言中，凡与鼻音相接的母音，也多少可以受到一些鼻化。

不过这种的鼻化母音，音质都不大明显，而且在语言中，也不能算得有什么正用。求其在语言中有正用，而音质又很明显，使我们能于断定，某一鼻化母音，是由于某一口母音之鼻化而成，——这就并不是一般的语言所共有现象，只是少数语言所特有的现象；我们的法语，就是有这种特象的。

254. 法语中有四个鼻化母音：[ɔ̃]，[ɑ̃]，[ɛ̃]，[œ̃]，写得正确些，应当是[ɔ̃˕]，[ɑ̃˕]，[ɛ̃˕]，[œ̃˔]；例如“bon”[bɔ̃]（好），“banc”[bɑ̃]（长凳），“bain”[bɛ̃]（浴），“brun”[brœ̃]（棕色的）。有许多人，把[ɔ̃]读成了[õ]，尤其是一班少年人。

法国人发鼻化母音的时候，软口盖降得极低，所以鼻化得很强。而且，这鼻化是始终一致的，并不是部分的，也不是先强后弱或先弱后强的。

这是就法国北部的普通语言说；在南部语中，往往不用纯粹的鼻化母音，而用鼻化得很弱的母音与鼻音相结合。在爆发音之前，这种现象尤为习见；例如“lampe”[lɑ̃mpə]（灯），“tante”[tɑ̃ntə]（母辈），“longue”[lɔ̃ngə]（长）。

巴黎的[ɑ̃]音，往往与[ɔ̃]音相混，故“bon”（好）与“banc”（凳），均可读为[bɔ̃]。

255. 外国人学习法语，要学像这种的鼻化母音当然是很难的。要破除这困难，应当按着理论，一步步的练习。第一，先说[aːmː]，[eːnː]，[oːŋː]等音；说的时候，把手指轻按在鼻尖上：这样，你可以觉得在说[aː][eː][oː]等音时，鼻尖上并没有颤动；说[mː][nː][ŋː]等音时，却是有颤动的。于是你就可以明白：口音与鼻音的分别，在于鼻尖上之有无颤动。这一层明白了，你就可以张开了口说一个音；若能说到鼻尖上也可以感觉得到颤动，那就是个鼻化母音了。

至于鼻化母音音质之是否正确，却很容易试验：譬如说一个[ɑ̃]音，若然取消了鼻化，而仍旧能回复到[ɑ]音，则鼻化的[ɑ̃]音一定不错。英国人学说[ɑ̃][ɔ̃]两音，应当好好的辨别：不要说成了[ɑ̃]与[ɔ̃]中间的一个音(即鼻化的[ɒ]音[ɒ̃])，不要把"les cheveux blancs"(白发)与"les cheveaux blonds"(金发)说得含混不分，像少数读音不正的巴黎人一样。

256. 法国东部的土语中，还有些特别的鼻化母音，是普通法语中所用不到的；例如Plombières地方及其附近，谓"un sapin"(一株松树)为[ĩ sɛpĩ]，谓"lundi"(礼拜一)为[lỹdi]。要学像这些鼻化母音并不难；因为你既然知道[ɑ]与[ɑ̃]间，[ɛ]与[ɛ̃]间的关系，你只须多说几次[ɑːɑ̃]，[ɛːɛ̃]，然后连类而推，就可以推出[iːĩ]，[yːỹ]来。

葡萄牙语中也有许多鼻化母音，不过鼻化的程度，比法语中的浅一点；例如"fin"[fĩ](精细)。鼻化母音与爆发音的中间，也可以插入一个鼻音，像法国南部语中一样；例如"campo"[kɑ̃mpu̜](野)。

波兰语中，美洲英语中，德国南部土语中，以及塞尔语族的几种语言中，也都有鼻化母音。

弱母音

257. 语言中，有一种别致的母音，是专用在弱切音中的。这种母音虽然不止一个，但有一个共同之点，就是：发音时，筋肉总是宽弛的；舌头的位置，总是偏向于中部的。

无论在那一种语言里，弱切音中的母音，说起来总要少用一点劲。这少用劲的结果，是把应该说得清楚的母音说含糊了。譬如本来要说某一音，必须把舌头放到了某一位置，才能构造得成功；现在因为舌头贪着懒，并不向某一位置搬去，而只停留在休止的位置上；或者是；只有意无意的略略离开了休止的位置，却始终没有搬到某一位置上，——这样构成的母音，叫作“自然母音”（voyelle neutre）。通常是每一种语言有一个自然母音；而此一语言之自然母音，未必即同于彼一语言之自然母音；所以，说到自然母音，必须标明是某一种语言里的自然母音，以免彼此纠缠。但标起音来，不妨把所有的自然母音都写作[ə]，以求简便。

258. 法语中，正则重音不很显明，所以弱切音中的母音，也不大容易含糊化。若仔细推求，则“poteau”（柱）“comment”（如何）两字中的第一母音是[ɔ̀⊤⊢]，“sécher”（干）“régner”（御宇）两字中的第一母音是[è⊤⊣]，“mardi”（礼拜二）一字中的第一母音是[à⊣]，舌头的位置，都偏向于中部，都可以说是受到了相当的含糊化。不过，就大体说，这还只是声音的色彩上略略有一些异同，并不是声音的根本上起了变化。

259. 但是，法语中也有一个自然母音，即是最古的弱切音中的母音；这一个音，通常叫作“哑 e”（“e”muet），或叫作“阴性 e”（“e” féminin），即“crever”（破坏）“refrain”（叠唱）两字第一切音中的“e”。这是[ø]与[œ]中间的一个音，不过舌头的位置偏后一点，发音时，筋肉是宽弛的。如果要严格标音，应当写作[œ ⊥⊣]；简便些，就写作[ə]。

这一个音的特别点，在于它对于字义上，是没有丝毫关系的。决然没有什么字，因为有了[ə]音就改变了意义，或者是，因为短少了[ə]音就改变了意义。它的唯一职务，是在子音结合得很复杂的时候，用来分划节落。所以在同一个字里面，有时可以用着它，有时可以不用它，于意义上完全受不到什么影响；例如“venez”[vəne]（来），“vous venez”[vu vne]（你来）；“genou”[ʒənu]（膝），“son genou”[sɔ̃ ʒnu]（他的膝），“leur genou”[lœr ʒənu]（他们的膝）。有时候，节尾或两字之间，也可以插进一个[ə]去，在文字中，却并没有“e”字；例如“un arc”[œn arkə]（一个弧），“un ours blanc”[œ̃n ursə blɑ̃]（一只白熊）。

在谈话中，或将[ə]音保存，或将[ə]音省割，那就完全由于个人的习惯，和说话的快慢，不能订定什么规则。不过，就通常的慢说语而论，凡省去了[ə]音之后，而不使一个节落的开首或结尾，有两个子音碰在一起；或者是，不使一个节落的中间，有三个子音碰在一起，——那就尽管省去便了；例如“le petit garçon”[lə pti garsɔ̃]（那个小孩子），“quel petit garçon”[kɛl pəti garsɔ̃]（那一个小孩子）。

260. 意大利语和西班牙语中的母音的含糊化，并不显明。葡萄牙语中是很显明的；可是情形太复杂了，本书只得略而不论。

261. 德语中也有一个弱母音，其构造法并不很含糊，是个宽弛的[ë],多少偏向后方一点。不过,要是处于[r]之前,它就和[ε]相近;处于开切音中,又与[e]音相近;又舌头的位置,在南部语中,要比在北部语中偏向前方一点。

为简便起见,我们把这一个音写作[ə]:凡文字中弱切音中的"e",都可以读为[ə];例如"gabe" [gɑːbə](赐与物),"der adler" [dər ʔɑːdlər](鹰)。德语中的[ə],并不像法语中的一样没用处,因为有许多字的意义,要靠着这[ə]音的有无分别出来;例如"mann" [mɑn](人,主格),"manne" [mɑnə](人,予格)。不过,这也是个很容易脱省的音;例如"bleiben"(留)字,可读为[blɑibən],亦可读为[blɑibn]。

荷兰语及北欧语中的[ə],与德语中的几乎完全符合。

德国南部语中,自然母音和[e]音很相近;瑞典土语中,则和[i]音很相近。

262. 英语中的弱母音有好许多。弱的[uː]音处于字尾时,就变成了[ù ⊢]或[ü ⊣];例如"value"(价值)一字读为[valju ⊢],与[valjü]极近。同样,弱的[oː]音处于字尾时,就变成了[ò ⊢]或[ö];例如"fellow"(伙伴)一字读为[fεlo ⊢],在英伦南部,则读为[felöü]或[felə]。

[ei]与[iː]弱读时,则相混而为一中间音:[è ⊥];例如"pity"(恻隐)读[pite],"Sunday"(礼拜日)读[sʌnde],"believe"(相信)读[beliːv]。这一个音,在一般的英国人听来,以为和英语中短读的[ì]相同;在法国人,则以为和法语中的[e]相同,所以英语中的"baby"[beibe],法语中借用了就变成了"bébé"[beːbe]。其实,这一个音并不是[i],也不是[e]。——它在闭切音中,舌头的位置向

后偏一点；严格标起音来，应当是[è ⊥⊣]；例如“fishes”[fiʃez]（鱼），“fitness”[fitnes]（适宜）。

英语中也像法语中一样，有一个很弱的自然母音：几乎无论什么母音，要是处于很弱的地位，就可以变成这个自然母音。这是个宽读的[ɛ̈]；为简便起见，也可以写作[ə]；可是比较起来，英语中的[ə]要开些。德法语中的[ə]要合些。例：“sofa”[souʃə]（软榻），“together”[təgɛðəɹ]（在一起），“a man”[ə man]（一个人）。

凡弱读字中的母音，往往可以变成[ə]；例如“and”（与）应读为[and]，“he and I”（彼与我）则读为[hiː ənd ai]；“of”（的）应读为[ɔv]，“what of that”（那里面的什么）则读为[hwɔt əv ðat]。这也是英语中的一种特别处。

[ə]音当然是很容易脱省的：例如“hot and cold”（热与冷）可读为[hɔt n kould]。不过它对于字义上，并不像法语中的[ə]一样没有关系；例如“long”[lɔŋ]（长）与“along”[əlɔŋ]（沿），“hungry”[hʌŋgre]（饿）与“Hungary”[hʌŋgəre]（匈牙利），其分别处就完全在一个[ə]音上。

母音与子音

263. 我们已经说过，有许多母音和子音，中间是有互相连接的关系的：例如[i]之与[j]，文字中都写作“i”：“ni”[ni]（亦不），“bien”[bjɛ̃]（好）。这[i]与[j]间的分别是如此：发[i]音，无论口腔收敛得如何窄，空气出来的时候，还仍旧是自由的，我们听上去，还仍旧只有嗓音而没有明显的摩擦；发[j]音，口收敛得更窄，使空气出来时不能自由，因而我们听到很明显的摩擦。[u]与[w]间，[y]

与[ɥ]间的关系，也是如此。所以，说一句普泛的话，母音与有声子音间的分别，只是程度上的分别：要是嗓音的势力占得大一点，那就是母音；要是摩擦的势力占得大一点，那就是子音。

因此，现在的语音学者，都依据德国 Viëlōr 教授的方法，把母音子音列入一表，以便对照。本书亦采用其法，将前文所讲过的重要母音及子音，合作一总表如次。

264. 至于每一种语言中所有的母音及子音，当然要比总表中所载的简单得许多。现在把法英德三种语言中所有的音素，分列为三表，使学习这三种语言的人，可以一目了然。不过表中所记，只是各音素的大概情形；至于比较不甚重要的色彩上的差别，却无从一一细注。

母音子音合表

<table>
<tr><th colspan="2"></th><th>肺管支音</th><th>喉头音</th><th>小舌音</th><th>后口盖音</th><th>口盖音</th><th>舌音</th><th>唇音</th></tr>
<tr><td rowspan="5">子音</td><td>爆发音</td><td></td><td>ʔ</td><td>q ɢ</td><td>k g</td><td>c ɟ</td><td>t d</td><td>p b</td></tr>
<tr><td>鼻音</td><td></td><td></td><td>ɴ</td><td>ŋ</td><td>ɲ</td><td>n</td><td>m</td></tr>
<tr><td>边音</td><td></td><td></td><td></td><td>ɫ</td><td>ʎ</td><td>l</td><td></td></tr>
<tr><td>抖音</td><td></td><td></td><td>ᴙ ʀ</td><td></td><td></td><td>r</td><td></td></tr>
<tr><td>摩擦音</td><td>H Q</td><td>h ɦ</td><td>ʁ ʁ</td><td>(ʍ w)
x ɡ̵</td><td>(ɥ)ç j</td><td>ɹ θð ʃʒ sz</td><td>fv ꜰv
ʍ w ɥ</td></tr>
<tr><td rowspan="4">母音</td><td>合口音</td><td rowspan="4">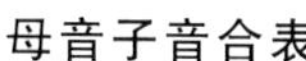</td><td rowspan="4"></td><td rowspan="4"></td><td colspan="2" rowspan="4">u ɯ ü　　ï y i
u　　ʏ ɪ
o ∀ ö　　ë ø e
ə
ɔ ʌ ɔ̈ ɛ̈ œ ɛ
ɒ ɐ æ
ɑ a</td><td rowspan="4"></td><td>(u ü y)
(ᴜ ʏ)</td></tr>
<tr><td>半合口音</td><td>(o ö ø)</td></tr>
<tr><td>半开口音</td><td>(ɔ ɔ̈ œ)</td></tr>
<tr><td>开口音</td><td>(ɒ)</td></tr>
</table>

法语音素表

		喉头音	后口盖音	口盖音	舌音	唇音
子音	爆发音		k g		t d	p b
	鼻音			ɲ	n	m
	边音				l	
	抖音				r	
	摩擦音	h	(w)	(ɥ)j	ʃʒ sz	fv wɥ
母音	合口音		u	y i		(u) (y)
	半合口音		o	ø e		(o) (ø)
			ɔ̃	ə		
	半开口音		ɔ	œ ɛ		(ɔ) (œ)
				œ̃ ɛ̃		
			ɑ̃			
	开口音		ɑ	a		

英语音素表

		喉头音	后口盖音	口盖音	舌音	唇音
子音	爆发音		k g		t d	p b
	鼻音		ŋ		n	m
	边音				l	
	抖音				r	
	摩擦音	h	(w)	j	ɹ θ ð ʃʒ sz	fv w
母音	合口音		u	i		(u)
	半合口音		o	e		(o)
	半开口音		ʌ	ə ɛ		(ɒ)
	开口音		ɒ ɑ	a		

德语音素表

		喉头音	后口盖音	口盖音	舌音	唇音
子音	爆发音	ʔ	k g		t d	p b
	鼻音		ŋ		n	m
	边音				l	
	抖音				r	
	摩擦音	h	x	çj	ʃʒ sz	fv v
母音	合口音		u	y i		
	半合口音		o ə	ø e		(u) (y)
	半开口音			ε		(o) (ø)
	开口音		ɑ			

附属音

265. 我们用这“附属音”(sons accessoires)一个名词,把所有语言中没有正用的声音,包括在一起。

反　音

266. “反音”(sons inverses)即是吸入音,因为通常的声音都是呼出音。通常的呼出音,无论是怎样的一个音,都可以改用吸入法而使成反音,不过吸入的时候,声带很不容易颤动,所以反音大都是无声的,不是有声的。标音时,在普通音标之后作一[*]号,即为反音。

情感词中往往用到反音;例如[f*],表示疼痛;[l̥*],表示喜悦。法语中的“oui”(是),在迟疑的时候,可以变成了[ẘ* i̊*];英语中的“yes”(是),在同一情状之下,也可以变成[ç* e̥* s],不过末了的[s]仍旧是呼出音;德语中的“ja”(是)也是如此:[ç* ɑ̥*]。

接吻的声音是[p* f*]或[p* ʍ*],附带着一种嘴唇所构造成功的乐音。

碰击音

267. 反音之外,还有一种“碰击音”(claquements),在情感词中,也有时可以用得着;其构造法,是一面吸气,一面以嘴唇与嘴唇互相碰,或以舌头与口盖相碰击。因为碰击音只是反音的一个分支,所以标音起来,仍旧可以借用[*]号。

碰击音与普通反音的分别,在于吸气的深浅:要是吸气深,能够经过喉头,达到气管,那就是普通的反音;要是吸气浅,只从口腔的此一部,达到了彼一部,那就是碰击音。因此,发碰击音时,声带是自由的:它仍旧可以构成嗓音,与碰击音,同时并发。

[t*]是个很普通的表示不耐烦的声音。[c*]是驱马的时候所用的声音。

非洲 Hottentots 与 Kafres 两种人的语言里,碰击音可以有很重要的用处;例如“Cetewayo”[t* ɛtjuaːjo](人名)。Zulu 人种有[t*][c*][k*]三个碰击音,似乎是从 Hottentots 语里借去的;Sesuto 语里的碰击音,可又是从 Zulu 语里转过借去的。据传教士 Dieterlen 说,Boshiman 语里的碰击音,共有七个之多。

卷舌碰击音[ṭ*],是个很奇怪的声音:它是有声的;而且,只须把发音机关略略节制一下,就可以使它的声调的高低改变,好像是个乐音一样，音质却并不改变。

喳喳音

268. “喳喳音”(sons chuchés)即耳语音；在一般的语言里，非耳语的时候用不着。不过有几种语言，平常也有用到的时候。前文(§172)说过，法语中的肯定语，其末一切音必低落而为喳喳音。葡萄牙语中，凡字尾母音之非重读者，亦都转为喳喳音；例如“Canto”(唱歌)之读为[kāntu̥]，——[̥]就是喳喳音的符号。

有些美洲土人的语言里，把喳喳音当作了正用；马达加斯加人的语言里也是如此；例如[aˈumbi̥](母牛)，[betsi̥mi̥ˈsaːrḁkḁ](人种名)；欧洲语中的“耶稣”(Christ)一字，在他们说起来，也变作了[ki̥ˈraisi̥trḁ]。

吹　音

269. 嗡唇而吹，也可以吹出一种乐音来，名目就叫作“吹音”(sifflement)。这种声音，语言中有时候也可以用得着，所以应当视为附属音之一。

要把吹音“鼻化”，也是很容易的，不过听起来没有很大的分别。

我们也可以一面用嘴唇吹着，一面用声带发出嗓音；因此很有人能够自吹自和，合成一种“双音的曲调”(duo)，或者是以吹音为正调，以嗓音为“配调”(accompagnement)。

声音的结合

过渡音

270. 我们说甲音与乙音结合，只是就甲乙两音最不同之点而言。其实，声音结合起来，大都不是直接的；在甲乙两音之间，必定还有个中间音；这中间音就叫作“过渡音”(sons transitoires)。譬如我们说一个[bɑ]，[b]是闭口的，[ɑ]是开口的；从[b]的闭转而为[ɑ]的开，中间必定经过一个半开的时候；这半开的时候所构成的音，应当是[v]音。要是我们说话说得很快，这[v]音是听不出来的；要是慢慢的说，把嘴慢慢的张开，我们就可以听见一个很弱的[v]音，——实在[b]与[ɑ]间所有的，不仅是一个[v]音，是许多相连不断，渐次变化的中间音，不过听起来，[v]音最明显便了。又如[ɲ]音后面无论接上什么个母音去，中间总有一个极明显的过渡音：没有受到耳听训练的人，每每把它当作一个真正的[j]音。

又字尾子音后，尤其是字尾爆发音之后，口中呼出的气，并不就立时中止，总要稍稍延长一下；这稍稍延长一下的气，应当用[ʰ]表示它；所以[ak]一个切音，严格说来，后面还有一个[ʰ]。

这种过渡音，在需要时(但是，这种的需要是很少的)也可以照常标出，而加括弧以别之；如[b(v)ɑ]，[ɲ(j)ɑ][ak(h)]。

271. 音首，音干，音尾，——一个完全的声音，可以分析作三部分：第一是“音首”（“l’arrivée”，直译应作“音的来到”），即发音的预备姿势；第二是“音干”（“la tenue”，直译应作“音的持续”），即发音的正式姿势；第三是“音尾”（“la détente”，直译应作“音的宽放”），即发音完毕时的姿势。譬如爆发音[p]，嘴唇由开而合的时候是音首；嘴唇合着的时候是音干；合过之后重新张开，是音尾。——“叠音”中（看§150），音首与音尾之间强度减损，故可认为音干不存在，而以前一音为音首后一首为音尾。

音首与音尾实际也只是过渡音，因为这是构成音干所必须有的两个现象。所以标音时，通常都置之不问；例如[pat]，并不必标作[(ʰ)pat(ʰ)]，虽然事实上是如此。

272. 结合法之不同，——但是，有时候必须把过渡音研究清楚，以见各种语言中音素与音素结合上之异同。譬如[bɑ]这一个切音，[b]与[ɑ]都是有音的，所异者只在于口之开合；所以就一般而论，发这样的一个切音是后有什么大变化的（印度语中的“带气的b，d，g”，当然不能一概而论）。但是[pɑ]这一个切音就两样了：其中不但有开合的分别，而且还有声气的分别，要是过渡音是像[p]一样没有声的，其结果应为[p(ʰ)ɑ]；要是过渡音是像[ɑ]一样有声的，其结果应为[p(∩)ɑ]。法语中的[p][t][k]，后面接上母音时，其情状应属于后一类；意大利语与西班牙语中，也是如此。日耳曼语族中的结合法，就属于前一类；所以一般人称日耳曼语族中的爆发音为“带气的”（aspjrées）。带气也有强弱之分：英语中是弱的，德国北部语及挪威语中是强的，最强的是丹麦语。

有许多教语言的人，用一种实验的方法，把这带气与不带气的分别指示给学生们看。他们擦着了一枝火柴，对着它发一个德国的[pɑ]音，火柴就熄了；若发一个法国的[pɑ]音，却可以不熄。这个方法虽然很有趣，却并不真确，因为我自己对着火柴发一个[pɑ]音，火柴也熄了。要知道我们法国人发爆发音时的爆发力，并不比德国人弱，不过嗓音出来得早一点罢了。

带气的爆发音，在必要时可以标作[p‘][t‘][k‘]；例如法语中的"cou"[ku](颈)，德语中的"kuh"[k‘u](母牛)。

因结合法不同，所以语言的色彩，也就跟着不同。我们学习外国语，必须把这种色彩也说像才好。要是我们说德语中的"können"(能于)字，而用了一个不带气的[k]，德国人听去，就好像是个"gönnen"(愿)字。要是丹麦人说法语中的"tard"(迟)字，而用了一个带气极强的[t]，我们听去，就好像是个"tsar"(俄皇)字。

273. 字首有声子音的音首，也可以分为有声无声两种，即[bɑ]可读为[(∩)bɑ]，或读为[(ʰ)bɑ]；前一种读法，是[b]还没有构造成功，嗓音就出来了；后一种读法，是直到[b]构造完成之后，嗓音才出来的。前一种是法语中的读法，后一种是英语——尤其是德语——中的读法。因此，法国人说的"bonne"(好)，"donne"(给)，"goût"(滋味)等字，在德国人听去，似乎应当读作[mbɔn]，[ndɔn]，[ŋgu]才对；反之，德国人说的"buch"(书)，"dach"(屋顶)，"gut"(好)等字，在法国人听去，也似乎应当读作[puːx]，[tax]，[kuːt]才对。

274. 字尾有声子音的音尾，也可以分为有声无声两种，即[ab]可读为[ab(∩)]或[ab(ʰ)]。前一种是法语中的读法，后一种是英语中的读法(德语中没有有声爆发音或有声摩擦音做字尾的);例如法语中的“raide”[rɛd(∩)](坚峻),英语中的“red”[rɛd(ʰ)]。因此,英国人说“dog”(狗)字而用了个无声的音尾,我们听了似乎说的是“dock”(船坞)字;法国人说英语的“big”(大)字而用了有声的音尾,英国人听了似乎说的是“bigger”(更大)字。

字尾子音的音尾,有时可以完全缺去;这就是说,喉头所发的气,到构成了音干就停止供给;音尾一部分,只有发音机关的动作而没有气。远东语言中有这种现象;必要时,可以借用[˙]号表示它;例如缅甸语中的[mjank̇](北)。

275. 两个同部位所构成的音连接在一起,中间的过渡音可以减损到极少,甚而至于完全没有。譬如在“hanneton”[hantɔ̃](金龟子)这一个字里,[n]的软口盖是下降的,[t]的软口盖是上升的;由[n]转为[t],只在于软口盖之由下降转为上升,别处可以完全不动;所以,所可视为过渡音者,只是软口盖由下降转为上升的那一刹那。在“des tenailles”[detnɑːj](铁钳)中,情形也是如此;不过软口盖由上升转为下降,方向相反罢了。

“atteler”[atle](驾车)一字中[t]与[l]间的过渡音,就是[t]音的边旁爆发;这种爆发几乎与“bâcler”[bɑːkle](栓门)一字中的爆发完全相同,所以[tl]与[kl]很相像,有时不免要听错。至于[ts]与[tʃ]中的[s]与[ʃ],那就简直可以当作爆发音[t]的音尾了。

276. 两个部位不同的音连接在一起,若然要把这两个音都说得清楚,中间就不得不有一个过渡音;例如“acteur”(伶人)之为[ak(ʰ)tœːr],“Bagdad”(地名)之为[bag(∩)dad]。

但是,这只是可能的事,并不是必要的事:我们也尽可以把两个部位不同的音紧接在一起。例如要把“une petite”(一个小女孩)读作[ynptit],只须先把口闭起,构成一个[p];接着把舌尖放到了[t]的位置上,同时以非爆发的方法放开嘴唇;到[t]音构造完成了,然后再爆发。法语中,这种样的结合法是很少见的;通常我们并不说[ynptit],却是规规矩矩的说[ynpətit],或者索性简省,说成了[ymtit]或[yntit]。英德语中,这紧接法却是很普通的;所以英语“actor”[aktər](伶人)中的[kt],实际只有一个音首[k],和一个音尾[t];我们听上去,很有些像[attœːr]。

277. 这里要说到一种情状很特别的子音,名目叫作“合子”(consonnes affriquées),也有人称为“半闭音”(semiocclusives)。这就是意语“zio”(叔伯),“zitto”(不响),“ciò”(这个),“giù”(底下);德语“zehn”(十),英语“chair”(椅子),“gem”(宝石)等字中的字首子音。在我们听去,这些音都是一个爆发音和一个摩擦音结合成功的;所以分析之后,可以写作[ts],[dz],[tʃ],[dʒ]。而语言中用到这些音的人,却往往不以我们的意见为然:他们不承认这些音是合音,却认做了简单的子音。

我们法国人的耳朵,当然未必能听得十分正确。可是,若然把西班牙语中的“ocho”(眼睛),“acha”(是!),或意语中的“agio”(舒服),“orologio”(钟)等字收到了蓄音片中,然后用相反的方向开出来听,我们所听见的却分明是[oʃto],[aʃta],[oʒda][oʒdɔːloro]。

不过,这样的试验,并不足以证明这些音和法语“tsar”(俄皇),“Dzoungarie”(地名),“patchouli”(香木之一种),“djinn”(阿拉伯人的“仙人”)等字中的“ts”,“dz”,“tch”,“dj”相同。而且Vosges一带的土语里,[ɛ dʒe](他说)与[ĩ dʒe](一个樫雀)中的两个[dʒ]是完全不同的:前一个是[d]+[ʒ],是两个子音的连接;后一个是[dʒ],是两个子音结合成功了一个。这连接与结合间的分别,是不得不研究的。

若然我们说:这[tʃ]中的[t]与[ʃ],与通常的[t]与[ʃ]不同,——这也未必就对;因为英语中的[tʃ],又与西班牙语中的[tʃ]不同,而就这结合一点上说,却应归入同类。

278. 仔细研究之后,我们得到了下面结语:

第一,合子中的爆发音与摩擦音,其构造法与各语言中原有的爆发音与摩擦音完全相同;所不同者,两音之间没有过渡音:在构成爆发音之后,并不照常爆发,却即以摩擦音之隙缝为爆发;——所以,爆发音就做了摩擦音的音首,摩擦音就做了爆发音的音尾。

第二,除叠音外,爆发音与摩擦音的时间都很短:两个音合起来,只有一个通常的摩擦音一样长。

第三,除叠音外,两音结合之后,在拼音时就同简单的音一样,不能拆开前一音,归入前一切音,而以后一音归入后一切音。试以英语中的"at sheepstone"[et ˈʃiːpstoun](在 Sheepstone 地方)与"a cheap stone"[ə ˈtʃiːp ˈstoun](一块廉价的石头)相比,就可以知道前一例中是[t]与[ʃ]的连接,后一例中是[tʃ]的合体。

就语言学上说,合子可以当作一个简单的子音看。就语音学上说,却应当把它认为两音的合体。标音时,如有需要,可以在两音之下,联以括弧:[‿],例如[t͜ʃ],[t͜s],平时却尽可以省得。

(附注)合子的叠音,是将爆发音一部分延长,一半归入前一切音,一半归入后一切音;其全体重叠者,如英语之"which church"[hwitʃ tʃʌɹtʃ],德语之"das nets ziehn"[das nɛts tsiːn],却是很少见的。

279. 下面是一般语言中所用到的几个合子：

[pf]与[bv]——[pf]是德语中所常用的；例如“pferd”（马），“pfund”（磅），“apfel”（苹果）；德国北部语中，字首的“pf”都省读为[f]，故“pfund”（磅）与“fund”（寻找）均读为[fùnt]。——[bv]却不大习见；就我所知道的说，只南非洲 Transvaal 的 Thonga 语中有这样的一个音；例如[ku bvumba]（猜谜）。这种语言里没有[v]而有[bv]，也是一件怪事。

[ts]与[dz]——法国各处的土语中往往有这两个音；例如 Vaudois 的 Chateau d'Œx 地方，呼“Champ”（野）为[ts ɑ̃]，呼“jeune homme”（少年人）为[dzuːno]。

意大利语中，这两个是很重要的音（文字中都写作“z”）；例如“zio”[tsio]（伯叔），“zitto”[dzitto]（不响）；其中爆发音一部分，往往重叠；例如“prezzo”[prettso]（价钱），“mezzo”[mɛddzo]（半中）。Lombardie 方言里，爆发音一部分省去，只用摩擦音一部分：[zitto]，[prɛsso]。

德语中有[ts]音（文字中写作“z”）；例如“zeit”[tsɑit]（时）。——斯拉夫语族各语言中也常有此音。

[tʃ]与[dʒ]——法国土语中有此二音；例如 Vosges 的 Val d'Ajol地方，读“porter”（拿）为[putʃa]，读“garder”（守）为[wadʒa]。——意大利语中亦有此二音；例如“ciò”[tʃɔ]（这个），“già”[dʒa]（已经），“caccio”[kattʃo]（打猎），“maggio”[mɑddʒo]（五月）。罗马及 Toscane 方言中都把爆发音一部分省去。

西班牙语中有[tʃ]，不过位置略略后一点；例如“mucho”

[mutʃo]。

英语中，[tʃ]与[dʒ]都很普通；例如“cherch”[tʃʌɹtʃ]（礼拜堂），“judge”[dʒʌdʒ]（裁判官）。——斯拉夫语族各种语言中也常有[tʃ]音。

[cç]与[ɟj]——与[c][ɟ]两音相差极微；例如瑞典语中的“kära”[cçɛːra]（亲爱），“göra”[ɟjœra]（故）。

[kx]——“德语瑞士”的土语中有此音；例如[k xats]（猫），即德语“die katze”的音转。

280.（附言）——我们只须略略思索一下，就可以知道过渡音在语言史上占了很重要的位置。例如英语中的[t]，德语中作“z”[ts]：“tide”，“zeit”（潮）；“ten”，“zehn”（十），——这是什么缘故呢？在当初，德语中所有的也是个“t”；不过这个“t”带气很强，有如在丹麦语中一样；因此听上去，不大像“t”而像[ts]；到后来，就当真有人说[ts]而不说“t”了。英语“pound”与德语“pfuud”两字间的关系，也是如此。（丹麦语中的带气很强的[p] [t][k]，亦许将来也要变作了[pf][ts][kx]。）

德语中字尾的“b”“d”“g”，现在已经读成了[p][t][k]。英语中的“dog”，在我们听去已经很像“dock”，到将来，不免也变得和德语中一样；现在正是过渡时代。

法语中的“Champ”（野），是从拉丁语“campum”一字转来的，在中古时代读为[tʃãmp]；在[p]音未曾脱省之前，一定有过一个无音尾时期。

又拉丁语“actum”（作用）“ruptum”（破裂）之变为意语之“atto”“rotto”，中间也必定有过一个时期，[kt]的[k]与[t]间，[pt]

的[p]与[t]间，是没有过渡音的；因其没有过渡音，所以听上去很像[tt]，终而至于说成了[tt]。

同 化

281. 两个音连接在一起，彼此间总不免有一点“同化”(assimilation)；换一句话说，就是甲音性格中所含有的东西，借了一部分给乙音，使两音转移之间，发音机关的部位，不至于有突然的变化。例如[ku]，[ko]，[ka]，[ke]，[ki]五个切音，虽然都是用[k]开首的，而各[k]的部位却并不一致：要是后面所接的母音是偏于后部的，它就偏向后一点；要是偏于前部的，它也就偏向前一点；便是嘴唇的式样，也被后面所接的母音同化了而显有不同。

就一般而论，无论何音，多少总要受到些邻音的同化。不过，大部分的同化，都是出于自然的，而且也是各种语言中所共有的现象。这种的现象，我们不妨置之不论；所要注意的，乃是各种语言中独特的同化法。

282. 先说声与气的同化。两个子音连接在一起，若然一个是有声的，一个是无声的，结果往往可以使两个都变作了有声的，或者是两个都变作了无声的。例如法语中“médecin”(医生)这一个字，在南部还读作[medəsɛ̃]，在巴黎却因脱省[ə]音之故，不读为[mɛdsɛ̃]而读为[mɛtsɛ̃]。

法语中的同化，大都是后音影响前音，所谓“逆同化”(assimilation régressive)，于前述一例之外，试再看“anecdote”(逸事)之读为[anɛgdɔt](“c”受“d”之同化而读为[g])，“observer”(观察)之读为[ɔpsɛrve](“b”受“s”之同化而读为[p]),可见这种逆同化是很有规则的。不过,[j][w][ɥ]三个半母,却并不能影响于前面的无声子音而使有声化,反是它自己受了前面的无声子音的无声化;例如“pied”[pj̊e](脚),“poids”[pẘa](重量),“tuile”[tɥ̊il](瓦)。流音也不能发生什么同化作用;在处节首或节尾的时候,却可以受到前接或后接无声子音的影响而变为无声;例如“r'paraître”[r̥parɛːtr](再出现),“peuple”[pœpl̥](人民),“rythme”[ritm̥](音节)。

两字相接,如果紧接得和一个字一样,则相接处亦可照常发生同化作用;例如“garde champêtre”[gartʃɑ̃ːpɛːtr̥](田野守卫人);“chemin de fer”[ʃəm ɛ̃tfɛːr]。若然并不紧接得和一个字一样,则虽然同化,也只是部分的,不是全体的;例如“je viens de parler”[ʒə vjɛ̃ d̥ parle](我刚说)与“je viens te parler”[ʒə vjɛ̃ t parle]显然不同;又“une tasse de thé”[yn tas̬ də tə](一杯茶)里的[tas̬],也不能径读为[taz]。——总而言之,这隔字同化,因说话的人的个性之不同,和说话时的情况之不同,程度上可以分作好多等级,标音时,这种隔字同化,通常都不大注意。

283. 英语中的同化,大都是前一音影响后一音,所谓“顺同化”(assimilation progressive);例如“cat”(猫)的多数是“cats”[kats],“dog”(狗)的多数是“dogs”[dɒgz];又法语中“observer”读为[ɔpsɛrve],英语中“observe”读为[əbzʌɹv],一逆一顺,非常明了。不过英语中的同化比法语中少,所以也尽有无声子音与有声子音接用的时候;例如“absolute”[absəluːt](绝对)。半母[j][w]两音,却与法语中的半母一样,可受前接无声子音的影响而变为无声；例如“pure”[pj̊uːɹ]（纯洁）“queen”[kẘiːn]（皇后）。[hj̊]与[hẘ]，有时可以变为[ç]与[ʍ]；例如“hue”（色）可读为[hj̊uː]或[çu]，“when”（何时）可读为[hwɛn]或[ʍɛn]。——隔字同化可以不必注意。

德语中的同化也是顺的；但在说话说得快的时候，并不十分显明。法国人说德国话，只须不把法语中的逆同化搬过去，其余就尽可听其自然，不必注意；例如“schweigen”（静）可读为[ʃv̊ɑigən]或[ʃvɑigən]，却不能读为[ʒvɑigən]；“wo bist du”（你在何处）可读为[voː bis d̥uː]，却不能读为[voː bizd duː]。

284. 语言中原有的过强的同化，在学习外国语时，也应当注意，不要把它搬了过去。例如法国 Normandie，Beauce，Artois 等处，凡[k][g]两音处于[e][i][y][j]等音之前者，都变作了[c][ɟ]；所以“qui”（谁）读为[ci]，“curé”（本堂教士）读为[cyːre]，“guêpe”（马蜂）读为[ɟeːp]，——这在我们法国人已经觉得很不好听，要是搬到了英语或德语中去，那就更要不得了。

俄国人也是如此；而且他们把处于同一情形之下的[t][d][l][n]，几乎读成了[c][ɟ][ʎ] [ɲ]；所以他们把法语的“tirer”（抽），“lire”（读），“animal”（动物）读作了[ciːre]，[ʎiːr]，[aɲimɑɫ]。

美国人和法国南部人把后面接鼻音的母音；都读作了鼻化母音；所以他们把法语中的“homme”（人），“même”（同），“une”（一个），“boune” （好），“cane”（雌鸭）读成了[ɔ̃m]，[mɛ̃ːm]，[ỹn]，[bɔ̃n]，[kɑ̃n]。

西班牙人和葡萄牙人，都和法国西南部人一样，读母音后面的有声的爆发音，气道并不完全闭塞；结果是[b][d][g]变成了[v]

[ð][ɡ]:他们把法语的"abeille"(蜜蜂),"redeau"(幔),"égal"(相等)读成了[avɛːj],[riðo],[eɡal]。

凡此等等,都应努力校正。不过这一类的错误,是举不胜举的;学习语言的人,只有随时随地细心体会的一法。

标音谱

285. 今取书中所讲论到的欧洲各种重要语言,用音标谱出一二,以见其音读上之异同。但标音不宜过于琐细;凡各音性格根本不同之处,自然可以从音标上直接看出;其比较不甚重要的色彩上的异同,应参看书中所讲,音谱中概从省略。有须特别注意处,则另行注出。

286. 先取同样的一段文字,译成种种不同的语言,各依"通常慢说体",用音标谱出。其中法语与英语,因方言之不同,各分为三种;西班牙语则分为二种。

法国北部语

lə sɔlɛːj di:

ʒə m apɛl sɔlɛːj. ʒə sɥi trɛ brijɑ̃. ʒə m lɛːv a l ɛst, e kɑ̃ ʒə m lɛːv, i fə ʒuːr. ʒə rgardə par ta fnɛːtr ɑvɛk mɔ̃n œːj brijɑ̃ kɔm l ɔːr, e ʒ tə di kɑ̃t il ɛ tɑ̃ d tə lve; e ʒ tə di, 'parɛsø, lɛv twa; ʒə n brij pa pur kə ty rɛst o li a dɔrmiːr, me ʒə briːj pur kə ty t lɛːv e k ty travaːj, kə ty liːz e k ty t prɔmɛn.'

ʒə sɥiz œ̃ grɑ̃ vwajaʒœːr. ʒə vwajaːʒ dɑ̃ tu l sjɛl: ʒə n m arɛt ʒamɛ, e ʒə n syi ʒamɛ fatige. ʒ e yn kurɔn syr la tɛːt, yn kurɔn də rɛjɔ̃ brijɑ̃, e ʒ ɑ̃ːvwa me rɛjɔ̃ partu. ʒə briːj syr lez arbrə, syr le meːzɔ̃, syr l o; e tut a lɛːr relɥiːzɑ̃ e ʒœli kɑ̃ ʒ briːj dəsy.

ʒə t dɔn la lymjɛːr, e ʒ tə dɔn la ʃalœːr, kar ʒə reʃof tu. ʒə fe myːriːr le frɥi, e ʒ fe myːriːr lə ble. si ʒə n brijɛ pa syr le ʃɑ̃ e le ʒardɛ̃, rjɛ̃ n purɛ puse.

法国南部语

lə sɔlɛʎ di:

ʒə m ɑpɛlə solɛʎ, ʒə syi trɛ briʎɑ̃. ʒə mə lɛv ɑ l ɛst, e kɑ̃ ʒə mə lɛv, i fɛ ʒur. ʒə rəgɑrdə pɑr tɑ fənɛtr avɛc mon œʎ briʎɑ̃ komə l or, e ʒə tə di kɑ̃nt il ɛ tɑ̃n də tə ləve; e ʒə tə di, 'parɛsœ, lɛvə twɑ; ʒə nə briʎə pɑ pur kə ty rɛst o li ɑ dormir, mɛ ʒə briʎə pur kə ty tə lɛv e kə ty travɑʎə, kə ty liz e kə ty tə promʒnə.'

ʒə syiz œ̃ŋ grɑ̃ vuɑjɑʒœr. ʒə vuɑjɑʒə dɑ̃n tu lə siɛl; ʒə nə m ɑrɛtə ʒɑmɛ, e ʒə nə syi ʒɑmɛ fɑtige. ʒ e ynə kuronə sy lɑ tɛt, ynə kuronə də rɛjõm briʎɑ̃, e ʒəɑ̃vuɑ me rɛjõm pɑrtu. ʒə briʎə sy lez ɑrbrə, sy le mezõ, sy l o; e tut ɑ lɛr rəlyizɑ̃ e ʒoli kɑ̃ ʒə briʎə dəsy.

ʒə tə donə lɑ lymiɛr, e ʒə tə donə lɑ ʃɑlœr, kɑr ʒə reʃofə tu. ʒə fɛ myrir le fryi, e ʒə fɛ myrir lə ble. si ʒə nə briʎɛ pɑ sy le fɑ̃ e le ʒɑrdɛ̃, riɛn nə purɛ kruɑtrə.

瑞士法语

lə sɔlɛʎ di：

ʒə m apɛl sɔlɛʎ. ʒə sɥi trɛ briʎã. ʒə mə lɛv a l ɛst，ɛ kã ʒə m lɛv，il fɛ ʒu:r. ʒə rəgɑrdə par ta fnɛ:tr avɛ mɔ̃n œʎ briʎã kɔm l ɔ:r，ɛ ʒ tə di kãt il ɛ tã də tə lve；ɛ ʒ tə di，‘parɛsø，lɛv twa；ʒə n briʎə pɑ pu k ty rɛstez o li a dɔrmi:r，me ʒə briʎ pu k ty t lɛ:v ɛ k ty travaʎ，kə ty li:z ɛ k ty t prɔmɛn.’

ʒə sɥiz œ̃ grɑ̃ vwajaʒœ:r. ʒə vwaja:ʒ dɑ̃ tu lə sjɛl；ʒə n m arɛt ʒame，e ʒə n sɥi ʒamɛ fatige. ʒ e yn kurɔn sy la te:t，yn kurɔn də rɛjɔ̃ briʎã，e ʒ ãvwa me rɛjɔ̃ partu. ʒə briʎ sy lez ɑrbr，sy le me:zɔ̃，sy l o；e tut a lɛ:r rəlɥi:zã e ʒɔli kã ʒə briʎə dəsy.

ʒə tə dɔn la lymiɛ:r，e ʒ tə dɔn la ʃalœ:r，kɑr ʒə reʃɔ:f tu. ʒə fɛ myri:r le frɥi，ɛ ʒ fɛ myri:r lə ble. si ʒ nɛ briʎɛ pɑ syr lə ʃaz ɛ le ʒɑrdɛ̃，rjɛ̃ n pure krwɑ:tr.

Castilles 的西班牙语

el sol diθe：

mi nombre es sol：briʎo mutʃo. salgo por el oriente，i kuando salgo es de ˈdia. miro adentro de tu bentana kon estos oxos fulxentes i dorados，i te abiso k es ora de lebantarte，kiθiendo：‘leˈbantate，pereθoso；no te alumbro para ke t esˈtes en la kama，siˈno para ke te le bantes，trabaxes，leas j andes por aˈi.’

soi uŋ graŋ kaminante；kamino por todo el θielo；no me paro

nuŋka ni me kanso. teŋgo en kabeθa una koɾona, koɾona de rajos luminosos, j esparθo por todas partes mis fulgoɾes; ilumino los ˈɑɾboles, las bibiendas, las ˈaguas, i todo paɾeθe lueiente j ermoso kuando jo resplandeθko.

te doi luθ i kaˈlor, pues todo lo kaliento. ago maduɾar los fɾutos i los gɾanos. si no fuese por mis resplandoɾes, nada maduɾaˈɾia en los kampos ni en los wertos.

(除特别标明的重音外,凡重要的字里的重音,均在末尾第二切音。——除[ˈdia]与[aˈi]外,凡两母相接,均变为合母。)

美洲的西班牙语

el sol dise:

mi nombɾe es sol; bɾijo mutʃo. salgo poɾ el oɾiente, i kuando salgo eh de ʻdia. miɾo adentɾo de tu bentana kon ehtos oxoh fulxentes i doɾados, i te abiso k es oɾa de lebantarte, disiendo, ʻlebantate, peɾesoso; no te alumbɾo paɾa ke t ehtes en la kama, sino paɾa ke te lebantes, tɾabaçes, leas j andes poɾ aˈi.ʼ

soi uŋ gɾaŋ kaminante; kamino por todo el sielo; no me paɾo nuŋka ni me kanso, teŋgo en la kabesa una koɾona, koɾona de ɹajos luminosos, j ehpaɹso poɾ todah paɹteh mih fulgoɾes; ilumino los aɾboles, lah bibiendas, las awas, i todo paɾese lusiente j eɹmoso kuando jo ɹehpladehko.

te doi lus i kaloɾ, puh todo lo kaliento. ago maduɾaɾ loh fɾutos i loh gɾanos. si no fuese por mih ɹehplandoɾes, nada madura'ɾia en loh kampoh ni en loh weɹtos.

葡萄牙语

u sɔɫ diʃ:

u meu nom ɛ sɔɫ; briʎu mũĩntu. naʃsu nu oɾi'ẽnt, i kwɐ̃du nafsu ɛ 'diɐ. ɔʎu pɐɾɐ dẽntɾu dɐ tuɐ ʒɐnɛlɐ kõ eʃtəz ɔʎuʃ fuɫʒẽntəz i do'ɾaduʃ, i ɐ'vizutə də kwɐ̃nkw ɛ ɔɾɐ də iɾ'geɾəʃ; i digu: 'ɛɾgətə, pɾəgisozu; nɐ̃ũ ɛ pɐɾɐ iʃ'taɾəʒ nɐ kɐmɐ kə ti ɐlu'miu, mɐʃ sĩ pɐɾɐ t iɾ'geɾəz i tɾɐbɐʎaɾəʃ, leɾəz i ɐ̃ndaɾəʃ pur i fɔɾɐ.

eu so gɾɐ̃ndə kɐmi'ɲeiɾu, kɐmiɲu pur tod u: sɛu; nɐ̃ũ paɾu nuŋkɐ ɒɐ̃ĩ mə kɐ̃ʃu. tɐɲu nɐ kɐbesɐ umɐ kɾoɐ, kɾoɐ də'rajuʒ lu-mi'nɔzuʃ, i iʃparzu pur toda paɾt uʒ meuʃ fuɫgoɾəʃ; ɐlu'miu ɐz 'aɾvuɾəʃ, ɐz ɐbitɐ 'ʃõĩʃ, ɐz 'agwaʃ, i tudu pɐɾɛsə luzẽnt i fuɾmozu kwɐ̃ndw eu rəʃplɐ̃ndesu.

166

dotə luz i dotə kɐ'loɾ, poiʃ tudu ɐkɛsu. ɐmɐdu'ɾes uʃ 'fɾutuz i uʃ pɐ̃ĩʃ. sə nɐ̃ũ 'fosɐ̃ĩ uʒ meu rəʃplɐ̃n 'doɾəʃ, nadɐ visəʒavɐ nuf kɐ̃mpuʒ nɐ̃ĩ nuz 'oɾtuʃ.

（重音和合母，都和西班牙语一样。——[ə]是宽弛的[ï]；如在[ʃ]与[ʒ]之前，则几与[ɪ́ ᵀ]相等。——[ɐ]是英语“sofa”一字中的“ɑ”音，或者还可以更开一点。）

意大利语

il so:le di:tʃe:

i:o mi kiɑ:mo so:le. so:no molto lutʃɛnte. mi ɑltso ɑl

levante, e kkwando mi altso, fa ddʒorno gwardo dentro dalla tua finɛstra kɔl mio ˈɔkkio splendɛnte e kkolor d ɔːro, e tti diːko kwand ɛ oːra d altsarti; e alloːra ti diːko: ˈaltsati, poltroːne; iːo non risplɛndo perˈke ttu rrɛsti in lɛtto a dormiːre, ma risplɛndo per farti altsaːre, e ˈllɛddʒere e ppassedʒaːre.

soːno uŋ gran viaddʒatoːre; viaddʒo per tutto il tʃiɛːlo. nom mi fermo mai e nnon soːno mai staŋko. ɔ uːna koroːna iŋ kaːpo, uːna koroːna di raddʒi splendɛnti, e mando i miɛi raddʒi dappertutto. splɛndo suʎʎ ˈalberi, sulle kaːse e sull ˈakkua, e ttutto sembra ˈluːtʃido e bbɛllo kuando vi splɛndo soːpra.

ti dɔ lluːtʃe, e tti dɔ kkaloːre, perˈke rriskdldo ɔɲɲi kɔːsa. fattʃo maturaːre le frutta, fattʃo maturaːre il graːno. se nnom dovessi riˈsplɛndere sui kampi e sui dʒardiːni, noŋ kreʃʃerɛbbe piu nnulla.

（重音和合母，都与西班牙语相同。——凡强切音之不处于节尾者，其母音均为长音或中长音。）

英国北部语

ðə sʌn sɛz:

mai neim iz sʌn. ai m vɛre brait. ai raiz in ðə iːst, ən hwɛn ai raiz, it s dei. ai luk in ət joɹ windo wið mai brait, gouldn ai, ən tɛl ju hwɛn it s taim tə gɛt ʌp; ənd ai sei, slʌgəɹd, gɛt ʌp; ai dount ʃain fəɹ ju tə lai in bɛd ən sliːp, bɛt ai ʃain fəɹ ju tə gɛt ʌp ən wʌːk ən riːd, ən wɒːk əbaut.

ai m ə greit travləɹ; ai travl ɒːl ouvəɹ ðə skai; ai nɛvɛɹ stɒp, ənk ai m nɛvəɹ taiɹd. ai hav ə kraun ɒn mai hɛd, ə kraun əv brait reiz, ənd ai sɛnd aut mai reiz ɛvrehwɛɹ. ai ʃain ɒn ðə triːz, ən ðə hauzez, ən ðə wɒːtəɹ; ənd ɛvreθiŋ luks spɑɹkliŋ ən bjuːtefl hwɛn ai ʃain ɒn it.

ai giv ju lait; ənd ai giv ju hiːt, fəɹ ai meik ɛvreθiŋ wɒɹm. ai meik ðə fruːt raipn, ənd ai meik ðə kɒɹn raipn. if ai did nt ʃain ɒn ðə fiːldz ən gɑɹdnz, nʌθiŋ wəd grou.

英国南部语

ðe sʌn sɛz:

mai neim z sʌn. ai m vɛɹe brait, ai ɹaiz in ðə ijst; ən wɛn ai ɹaiz, it s dei. ai luk in ət jo windou wið mai bɹait, gouldn ai, ən tɛl ju wɛn it s taim tə gɛt ʌp; ənd ai sei, slʌgəd, gɛt ʌp; ai dount ʃain fe ju tə lai in bɛd ən slijp, bʌt ai ʃain fə ju tə gɛt ʌp ən wʌːk, ən ɹijd ən wɒːk əbaut.

ai m ə gɹeit trævlə; ai tɹævl ɒːl ouvə ðə skaiː ᵛai nɛvə stop, ənd ai m nɛvə taiəd. ai hæv ə kɹaun ɒn mai hɛd, ə kraun əv bɹait ɹeiz, ənd ai sɛnd aut mai ɹeiz ɛvɹewɛə. ai ʃain ɒn ðə tɹijz, ən ðə hauzez, ən ðə wɒːtə; ənd ɛvɹeθiŋ luks spɑːkliŋ ən bjuwtefl wɛn ai ʃain ɒn it.

ai giv ju lait; ənd ai giv ju hijt, fəɹ ai meik ɛvɹeθiŋ wɒːm. ai meik ðə fɹuwt raipn, ənd ai meik ðə kɒːn ɹaipn. if ai dit nt ʃain ɒn ðə fijldz ən gɒːdnz, nʌθiŋ əd gɹou.

美国的英语

ðə sʌ̃n sɛz：

mai nẽĩm iz sʌ̃n. ai m vɛɹe bɹait. ai ɹaiz in ðə iːst. ən hwɛ̃n ai ɹɑiz, it s dei. ai luk in ət joɹ wĩndo wið mai bɹait, gouldn ai, ən tɛl ju hwɛ̃n it s tãĩm tə gɛt ʌp; ənd ai sei, ‘slʌgəɹd, gɛt ʌp’; ai dõũnt ʃãĩn fəɹ ju tə lai in bəd ən sliːp, bət ai ʃãĩn fəɹ ju tə gɛt ʌp ən wʌɹk, ən ɹiːd, ən wɒːk əbaut.

ai m ə gɹeit trævləɹ; ai tɹævl ɒːl ouvɹ ðə skai; ai nɛvr stɑp, ənd ai m nɛvɹ taiɹd. ai hæv ə kɹãũn ɑ̃n mai hɛd, ə kɹãũn əv bɹait ɹeiz, ən ai sɛ̃nd aut mai ɹeiz ɛvɹehwɛɹ. ai ʃãĩn ɑ̃n ðə triːz, en ðə hauzez, en ðə wɒːrəɹ; ənd ɛvɹəθiŋ luks spɑɹkliŋ ən bjuːtefl hwɛ̃n ai ʃãĩn ɑ̃n it.

ai giv ju lait; ən ai giv ju hiːt, fəɹ ai meik ɛvɹeθiŋ wɒɹm. ai meik ðə fɹuːt ɹaipn, ənd ai meik ðə kɒɹn ɹaipn. if ai didnt ʃãĩn ɑ̃n ðə fiːldz ən gɑɹdnz, nʌθiŋ wəd gɹou.

德　语

di zonə zaːkt：

ʔiç haisə di zonə. ʔiç bin gɑnts glɛntsənt. iç geːə im ʔostən ʔɑuf, ʔunt vɛn ʔiç ʔɑufgəːə, virt ɛs taːk. ʔiç gukə in dɑin fɛnstər mit mainəm klaːrən, goldənən ʔɑugə hiˈnain, ʔunt ʔiç zaːgə diːr, vɛn ʔɛs tsɑit ʔisi ʔɑuftsufteːn; ʔunt ʔiç zaːgəː ʃteː ʔɑuf, faulpɛlts; ʔiç ʃɑinə niçt, damit du ʔim bɛtə blɑipst, zondərn ʔiç ʃɑinə, dɑmit du ʔaufʃteːst ʔunt ʔarbaitəst ʔunt liːst ʔunt hərumgeːst.

ʔiç maxə groːsə raizən; ʔiç raizə ʔyːbər dən gantsən himəl. ʔiç ʃteːə niːʃtil, ʔunt ʔiç bin niː myːdə. ʔiç haːbə ʔainə kroːnə ʔauf dəm kopfə, ʔainə kroːnə fon glɛntsəndən ʃtraːlən, ʔunt ʔiç ʃikə mainə ʃtraːlən ʔyːbərʔal hin. ʔiç ʃainə ʔauf di boimə, ʔauf di hoizər ʔunt ʔauf das vasər, ʔunt ʔaləs ziːt hɛl ʔunt frointliç ʔaus, vɛn iç darauf ʃainə.

ʔiç geːbə diːr liçt, ʔunt ʔiç geːbə diːr vɛrmə, dɛn ʔiç ʔərvɛrmə ʔaləs. ʔiç maxə das ʔoːpst ʔunt das korn raif. vɛn ʔiç niçt auf di fɛldər ʔunt di gɛrtən ʃiːnə, vyrdə niçts vaksən.

荷兰语

də zʊn zɛxt:

mɛɪn nam ɪs zʊn. ɪk bɛn zer hɛldər. ɪk kʊm ɪn t ostən ʊpː ɛn als ɪk ʊpkʊm, ɪs ət dax. ɪk kɛik ˈɪn bɛi yu ram mɛt mɛin hɛldər, ɡəudən ox, ɛn vθrˈtɛly, vaˈner ət tɛit ɪs ʊm ˈʊp tə stan; ɛn ɪk zɛxː lœyart, sta ˈʊp; ɪk sxɛin nit vor jɔu, ʊm ɪn bɛt tə lɪɡən ɛn tə slapən, mar ɪk sxɛin vər jɔu, ʊm ˈʊp tə stan ɛn tə vɛrkən ɛn tə lɛzən ɛn rʊnt tə lopən.

ɪk bɛn ən ɡrot rɛizəɡər; ɪk rɛis dən ɡəhelən heməl rʊnt, ɪk həut noit stɪl ɛn ɪk bɛn noit mu. ɪk hɛp ən kron ʊp mɛin hoft, ən kron van hɛldərə stralen, ɛn ɪk zɛnt mɛin stralən œyt, ˈovəral hen. ɪk sxɛin ʊp də bomən, ʊp də hœyzən, ʊp ət vatər; ɛn aləs zit ər ɡlɪnstərənt ɛn moi œyt, als ɪk ər ʊp sxɛin.

ɪk ɡef y lɪxt，ɛn ɪk ɡef y vɑrmtə；vɑnt ɪk mak ɑles vɑrm. ɪk du de vrœxtən rɛipən，ɛn ɪk du ət korən rɛipən. ɑls ɪk nit sxen ʊp de ɑkərs ɛn tœynən，dɑn zɔu er nits ɡruiən.

（重音与合母，都和英语一样。——[v][z][ɡ]三音，往往从有声变为无声，尤其是在位置于无声子音之后的时候，故[ɪk ɡef]几与[ɪk xef]相同。——[i][e][a][o][u]比[ɪ][ɛ][ɑ][ɔ][ʊ]长。——[e][o]二音，往往可以读为[ei][ou]。——[r]可以照原音标读，也可以读为[ʀ]。——无声子音之下接有声子音或接母音者，每变为有声，故[ɪk bɛn]几与[ɪɡ bɛn]相同。——[n]处于弱切音的末尾时，往往省略不读。）

丹麦语

ˈsoˀln ˈsiːʁ：

jai heðʁ ˈsoˀl. jai ʁˈmaiəð ˈkl̥aˀʁ.

jai sdɔʁ ɔb i ˈøst，ɔ nɔʁ jai sdɔʀ ˈɔp ɛʁ de ˈdaˀ. jai seʁ ˈenˀ a dit ˈvendu mɛð mit ˈkl̥aːʁə ˈɡylˀnə ˈɔiə ɔ siːʁ ˈthel dai，nɔʁ de ɛʁ ˈthiˀð ɔ sdɔ ˈɔp；ɔ jai ˈsiːʁː ˈsyuˈsɔuˀʁ! sdɔ ˈɔp；jai sɡenˀʁ ˈeɡə fɔʁ ɔ du sɡa leɡə i ˈsɛŋˀn ɔ ˈsɔuə，mɛn jai ˈsɡenˀʁ fɔʁ ɔ du sɡa sdɔ ˈɔb ɔ ˈɑʁbaiðə ɔ ˈlɛːsə ɔ ɡɔ ɔmˈkʁ̥eŋˀ.

jai ˈʁɑiˀsʁ ˈmaiəð，jai ʁɑiˀsʁ ˈheːlə ˈhemln ˈʁonˀt. jai ˈsdansʁ ˈaldʁi，ɔ jai ʁ ˈaldʁi ˈtʁæt. jai hɑʁ n ˈkʁ̥oːnə pɔ ˈhoːðð，ən ˈkʁoːnə a ˈkl̥aːʁə ˈsdʁɔːlʁ，ɔ jai sɛnʁ minə ˈsdʁɔːlʁ ale vainə ˈhɛn. jai ˈsɡenˀʁ pɔ ˈtʁ̥ɛˀʁnə，pɔ ˈhuːsənə，pɔ vanˀəð，ɔ ˈalˀt sɔʁ ˈsdʁɔːlənə ɔ ˈsmoxt uˀd，nɔʁ jai sɡenˀʁ ˈpɔ de.

jai giʁ dai ˈlyˀs, jai giʁ dai ˈvɑʁmə, fɔ jai vɑʁmʁ ˈalˀt; jai ˈmoðnʁ ˈfʁoxdn ɔ jai ˈmoðnʁ ˈkhoˀʁnəð. nɔʁ jai ˈegə ˈsgeəðə pɔ ˈmɑʁgʁnə ɔ ˈhaːvʁnə, kunə ˈendəð ˈvɔgsə.

([v][ð][g]在字尾者，均转为无声。——[b][d][g]读如[b̥][d̥][g̊]。——[ð][ɛ][e]读如[ðʲ][ɛ⊥][e⊥]。)

挪威语

ˇsʊːln ˇsiːər:

jɛi ˇheːtər ˈsʊːl. jɛi ər ˇmeːgət ˈklaːr. jɛi stɔːr ˈɔp i ˈœst, ɔ nɔr jə stɔːr ˈɔp, ær də ˈdaːg. jɛi ˈseːr in ɑ ˇvindüə dit me mit ˇklaːrə, ˇjyldnə ˇœiə, ɔ ˇsiːər dɛi ˈtil, nɔr de ær ˈtiːd ɔ stɔ ˈɔp; ɔ jə ˇsiːər stɔ ˈɔp, din ˈsyːvsɔːvərl jɛi ˈʃinnər ˇikkə, fɔrɑt dü skɑl ˇliggə ɔ ˇsɔːvə; men jə ˈʃinnər, fɔrɑt dü skɑl stɔ ˈɔp ɔ ˇarbɛidə ɔ ˇleːsə ɔ gɔ ʊmˈkriŋ.

172

jɛi ˇrɛisər ˇmeːgət, jɛi ˇrɛisər ˇheːlə ˇhimlən rünt. jɛi ˇstɑnsər ˇɑldri, ɔ jɛi ər ˇɑldri ˈtret. jɛi haːr ən ˇkrʊːnə pɔ ˇhʊːdə, ən ˇkrʊːnə ɑ ˇklaːrə ˇstrɔːlər, ɔ jə ˇsennər minə ˇstrɔːlər til ˇɑllə ˇkɑntər. jɛi ˈʃinnər pɔ ˈtræːɹnə, pɔ ˇhüːsənə, pɔ ˈvɑnnə, ɔ ˈɑlt seːr ˇstrɔːl n̩ə ɔ ˈvɑkkəɹt üːt, nɔr ˈjɛi ˈʃinnər pɔ də.

jɛi jiːr dɛi ˈlys, jɛi jiːr dɛi ˇvɑrmə, fɔr jɛi ˇvɑrmər ˈɑltiŋ; jɛi ˇmʊːdnər ˈfrükt n̩ ɔ jə ˇmʊːdnər ˈkʊːrnə; vis ˈjɛi ikə ˇʃintə, künə ˇiŋŋəntiŋ ˇvɔksə.

([p][t][k][ə]与德语中同。——[b][d][g]在字尾者均为部

分无声。——[r]在[t][d][l][n][s]之前，均读如[ɹ̥]。——[ɔ]读如[ɔ ɔ]。——[ᵛ]指后面所接的一个切音应强读，全字应用复合声调读。）

瑞典语

ˈsʊːlən ˈsɛiər：

ja heːtər ˈsʊːl. ja ɛr ᵛmyklə ˈklaːr. ja gɔːr ˈɔp i ˈøstər，ɔ nær ja gɔːr ˈɔp，ɛ de daːg. ja titar ˈin i dit ˈfønstər mɛ mit ᵛklaːra jylna ᵛøːga，ɔ ja ˈsɛiər dɛi nær dɛ ɛ ˈtiːd at stiːga ˈɔp；ɔ ja ˈsɛiər：stiːg ɔp，ᵛʃʏˈsɔːvarə! ja ˈʃiːnər ˈintə fœr at dʏ ska ˈligga i ˈsɛŋŋən ɔ ˈsɔːva，ʏːtan ja ˈʃiːnər fœr at dʏ ska stiːga ˈɔp ɔ ᵛarbeːta ɔ ᵛleːsa ɔ ᵛrœːra ˈpɔ dɛi.

ja ˈreːser ˈmykkə，ja ˈreːser heːla ˈhimlən rönt. ja ᵛstannar ᵛaldriː ɔ ja ɛ ᵛaldriː ᵛtrœt. ja har əŋ ᵛkrʊːna pɔ hövət，əŋ ᵛkrʊːna av ᵛklaːra ᵛstrɔːlar，ɔ ja ˈʃikkar mina ᵛstrɔːlar ɔt ᵛalla hɔl. ja ˈʃiːnər pɔ ˈtrɛːna，pɔ ˈhʏːsən，pɔ ˈvatnə，ɔ ˈalt seːr ᵛtrɔːlandə ɔ ˈvakkərt ˈʏːt，nær ja ˈʃiːnər pɔ dɛ.

ja ˈjeːr dɛi ˈjʏːs，ja ˈjeːr dɛi ᵛværmə，fœr ja ˈværmər ˈaltiŋ. ja jœr fröktn ɔ ˈsɛdən ᵛmʊgna. ɔm ˈjig intə vilə ᵛʃiːna pɔ ˈfɛltən ɔ ᵛtrɛːgɔrdana，köndə iŋŋəntiŋ vɛksa.

（与挪威语同。）

冰岛语

ˈsoʊːlɪn ˈsɛjɪr：

ˈjɛɡ̊ heɪːtɪ ˈsoʊːl. jɛɡ̊ ɛːr ˈmjœɡ̊ ˈsɟaɪːr.

jɛɡ̊ cɛːm ˈʏp i ˈøʏsdrɪ, ɔɡ̊ ˈθɛːɡ̊ar jɛɡ̊ cɛːm ˈʏp, ˈljoʊːmar daːɡ̊ʏr. jɛɡ̊ liːt ˈɪn i ɟɛgnʏm ˈglʏgan çaʊ ðjɛr mɛð miːnʊ ˈsɟaɪːra ˈgʏdlna ˈøʏɡ̊a ɔ sɛjɪ θjɛr ˈtɪːl θɛːɡ̊ar ˈmaʊːl ɛr ˈkɔːmɪð tɪːl að ˈfaːr aʊ ˈfaɪːtʏr. ˈfarð aʊ faɪːtʏr, ˈlɛːtɪŋɟɪn θɪn! ˈsɛjɪ jɛɡ̊ jɛɡ̊ ɛːr ˈɛc að ˈsɟiːna ˈtɪl θɛs að ˈθu sgʏːlɪr lɪɟa i ˈrɑmɪnʏ ɔ sɔːva, hɛldʏr ˈsɟiːn jɛɡ̊ tɪːl ˈθɛs a ˈθu sgʏːlɪr ˈfaːr aʊ ˈfaɪːtʏr ɔɡ̊ ˈvɪna ɔ ˈlɛːsa ɔɡ̊ vɛːra aʊ fɛdlɪ.

jɛɡ̊ fɛrðast ˈmɪːcɪð; jɛg fɛːr ˈhrɪŋɟɪn ɪ krɪŋ ʏm ˈadlan ˈhɪmɪnɪn. jɛɡ̊ nɛːm ˈaldreɪ ˈsdaːðar ɔɡ̊ jɛɡ̊ vɛrð ˈaldreɪ θreɪ ṫ. jɛɡ̊ ˈbɛːr aʊ ˈhœbðɪnʏ ˈkoʊːroʊnʏ, sɛːm ɛr ˈɟœrð av ˈsɟaɪːrʏm ˈɟeɪslʏm, ɔɡ̊ j ɛɡ̊ ˈsɛndɪ ˈɟeɪsla miːna i ˈadlar ˈaʊtɪr. j ɛɡ̊ ˈsɟiːn aʊ ˈtrjɛːn, aʊ ˈhuːsɪn, aʊ ˈvatnɪð, ɔɡ̊ ˈalt liːtʏr ˈljoʊːmandɪ cɡ̊ ˈfaːɡ̊ʏrt ˈuːt θɛːɡ̊ar jɛɡ̊ ˈsɟiːn aʊ θað.

jɛɡ̊ ˈɟɛːf θjɛːr ˈbɪrtʏ, jɛɡ̊ ˈɟɛːf θjɛr ˈhɪːta, θvi jɛɡ̊ ˈhɪːta al ṫ. ˈjɛɡ̊ laɪːt ˈaʊvɛxsdɪna ɔ ˈkɔdnɪð naʊ ˈθrɔsga. ɛːv ˈjɛɡ̊ ecɪ ˈsɟɪːnɪ, ˈɟaɪːtɪ ˈɛcɛrt ˈvaxsɪð.

（字尾的有声子音，及[s]后面的[b][d][ɟ][g][dl][dn]，均转为无声。——[t][d][l][n]均为介齿音。）

俄　语

sont͡sɯ gɯva ˈṙitː ṁiˈṅa zaˈvut ˈsont͡sɯm. ˈja ṡv̇iˈt͡ʃu ˈot͡ʃiṅ ˈjarka. fstaˈju nɯ vaˈsto ḱi, i kaˈda fstaˈju, nɯstu ˈpait ˈḋeṅ. ˈja smaˈtṙu k ṫiˈbe v akˈno maˈim bliˈṡtaʃt͡ʃim kak ˈzoɫɯtɯ ˈokɯm i gɯva'ṙu ṫi'ḃė, ka'da pa'ra fsta'vaṫ. 'ja gɯva'ṙu: fsta'vaĭ l̇in'ṫaĭ, 'ja ṡv̇i'ṫʃu ṅi dl̇i ta'vo, ʃtɯbɯ'tɯ va'l̇aɫsɯ f kra'vati a dli ta'vo ʃtɯbɯ'tɯ fsta'vaɫ, ra'botɯɫ, tʃi'taɫ, gu'l̇aɫ.

'ja 'mnogɯ 'stranstvuʏ pɯ fṡi' mu'ṅebu i ṅika'da ṅi ɯsta'navėivʏṡ i ṅika'da ṅi usta'ju. nɯ gɯɫa'v̇e u ṁi'ṅa ka'rona iz ṡta ʃṫʃix ɫu'ṫʃeĭ, ka'torɯi'ja pɯsɯ'ɫaʏ pa'fṡudu. 'ja ɑṡv̇i'ʃṫʃaʏ ḋiṙ'ev̇ja, da'ma, 'vodu i 'fṡɔ ʃta 'ja aṡv̇iʃṫʃaʏ, bl̇i'ṡtit i 'kaʒɯtsɯ kra'sivɯm.

ja da'ju ṫi'ḃe 'ṡv̇et, na'ja da'ju ṫi'ḃe i ṫip'ɫo, 'tak kɯk 'fṡo sɯgṙi'vaʏ bɫɯgɯda'ṙa 'mṅe 'zṙeʏt 'xl̇ep i pɫa'dɯ. ṅi'ʃto ṅi mag'ɫo bɯ ra'ṡti, 'jeṡli bɯ 'ja ṅi ṡv̇i'tiɫɯ nɯ pa'la i sa'dɯ.

(强切音都很明显,其所含母音,比弱切音中的母音长;弱切音中的母音,都是很短,很宽弛,很含糊。但弱切音如处于重读切音之前,或处于气呼的节落之末,而又属于开类者,则较普通的弱切音略略强一点;其所含母音,亦较为清楚。

在强切音中,[ɑ]读如[ɑ˫],[o]读如[ɔ˕],[ɯ]读如[ɯ˫]。在口盖化的音的前面,[ɑ]与[ɯ]均较前,[e]与[i]均较合。在爆发音与非口盖化的鼻音的前面,[ɪ]音较开。

在弱切音中,[ɑ]=[ʌ],[ɯ]=[ə],[u]=[ʊ],[i]=[ɪ];[ʏ]音只通常语之弱切音中有之:凡口盖化音后面所接的[ju]或[u],均变为此音。)

287. 以下诸谱,示各种语体之不同。

法　语

通常快说语

sɑ̃ːdrijɔ̃

j avɛ yn fwa yn pətit fiːj dɔ̃ la mɑ̃mɑ̃ etɛ mɔrt e dɔ̃ l papa s etɛ rmarje. la fam kə l papa avɛt epuːze etɛ pɑ ʒɑ̃tij dytu, e ɛl avɛ dø fiːj kj etɛ trɛ meʃɑ̃ːt. ɛlz etɛ lɛd tut le dø, e ɛz etɛ trɛ ʒaluːz də lœr tit sœːr, kj etɛ ʒœli kɔm œ̃n amuːr. oːsi la pov fiːj a bjɛ̃to ete malœrøːz kɔm yn pjɛːr.

ɔ̃ lɥi fezɛ fɛːr tu l travaːj. pɑ̃nɑ̃ k se vilɛn sœːr etɛ ɑ̃kɔr kuʃə l matɛ̃, u pɑ̃nɑ̃ k ɛ s prɔmnɛ u k ɛl liːzɛ de liːvr amyzɑ̃, la ptit fiːj balɛjɛ le ʃɑːbr, frɔtɛ le parkɛ, alymɛ l fø, eplyʃɛ le legym, rekyːrɛ le kasrɔl. ɛ n mɑ̃ːʒɛ pɑ a tabl avɛk lez oːtr;ɔ̃ lœr dɔnɛ tut sɔrt də bɔn ʃoːz, e kɑ̃t ɛlz avɛ fini ɔ̃ lɥi lɛːsɛ le rɛst le sœːr avɛ de bɔ̃ li dɑ̃z yn bɛl ʃɑːb bjɛ̃ ʃoːfe, me la ptit n avɛ k yn pɑːjas dɑ̃ l grənje; ɑ̃n ivɛːr il i fəzɛ kɛkfwa si frwa k ɛ vnɛ s kuʃe dɑ̃ la kɥizin o kwɛ̃ d la ʃmine, prɛ d la sɑ̃ːdrə ʃoːd; sa fə k ɔ̃ ll aplɛ sɑ̃ːdrijɔ̃.

通常慢说语

l ɑ̃sɛɲ dy ʃapəlje

kɑ̃ ʒ etɛ ʒœn, il ɛt ariːve k œ̃ d mez ami, ki vulɛ s etabliːr ʃapəlje, a kɔ̃ːsylte plyzjœr pɛrsɔn syr la kɛstjɔ̃ d savwaːr kɛl ɑ̃ːsɛɲ i fɔdrɛ mɛtrə syr sa butik. il a prɔpoːze d la fɔrmyle ɛ̃ːsi: “ʒɑ̃ dypɥi, ʃapəlje, fɛ e v ɑ̃ de ʃapo o kɔ̃ːtɑ̃;” ɑvɛk, bjɛ̃n ɑ̃ːtɑ̃ːdy, l efiʒi d œ̃ bo ʃapo.

lə prəmjɛr ami dɔ̃t il a dm ɑ̃:de l avi a fɛ rmark kə l mo ʃapəlje etɛ tutafɛ sypɛrfly. s etɛt evidɑ̃, e dypɥi s ɛt ɑ̃:prɛ:se də l rɛje.

lə zgɔ̃ a ɔpsɛrve k s etɛ bjɛ̃n inytil də mɑ̃:sjɔne kə ʒɑ̃ vɑ̃:dɛ se ʃapo o kɔ̃:tɑ̃. "d abityd, at i di, ɔ̃ n aʃɛt pɑ œ̃n ɔbʒɛ kɔm səlɥi la a kredi. dajœ:r, si ɔ̃ tə dm ɑ̃:dɛ d lə fɛ:r, ty n srɛ ptɛt pɑ fɑ:ʃe də ll akɔrde." sa a pary ʒyst, ɔ̃n a bife se dø mo; i n ɛ ply rɛste kə "ʒɑ̃ dypɥi fɛ e vɑ̃ de ʃapo."

œ̃ trwɑ:zjɛm ami a ɑ̃kɔ:r fɛ abrɛ:ʒe, ɑ̃ di:zɑ̃, "sø ki ɔ̃ bəzwɛ̃ dœ̃ ʃapo s ɛ̃:kjɛt pø d savwa:r par ki il a ete fɛ."

œ̃ katriɛm, ɑ̃ li:zɑ̃ s ki rɛstɛ, s ɛt ekrie, "asa vwajɔ̃, le ʒɑ̃ sa:v bjɛ̃ k ty n vø pɑ le lœr dɔne pur rjɛ, te ʃapo!"

œ̃ fɛ̃ d kɔ̃:t, i n ɛ ply rɛste kə l nɔ̃ dy marʃɑ̃ ə l efiʒi dy ʃapo.

细心的诵读

ɑ̃n afrik

nuz etjɔ̃ døz ami sɥi:vi də ɥi spahi e də katrə ʃamo avɛk lœr ʃaməlje. nu n parljɔ̃ ply, akɑ:ble də ʃalœ:r, də fatig, e desɛʃe də swaf kɔm sə dezɛ:r ardɑ̃.

sudɛ̃ œ d sez ɔm pusa yn sɔrtə də kri; tu:s s arɛtɛ:r; e nu dmœ:ram immɔbil, syrpri par œn inɛksplikablə fenɔmɛ:n kɔny de vwajaʒœ:r ɑ̃ se kɔ̃:trɔ pɛrdy.

kɛlkəpa:r, prɛ d nu, dɑ̃z yn dirɛksjɔ̃ ɛ̃detɛrmine, œ̃ tɑ̃:bu:r bate, lə misterjø tɑ̃:bu:r de dyn; il batɛ distɛ̃ktəmɑ̃, tɑ̃:to ply vibrɑ̃, tɑ̃:to afɛbli, arɛtɑ̃, pɥi rəprənɑ̃ sɔ̃ ru:lmɑ̃ fɑ̃:tastik.

lez arab, epuvaːte, sə rgardε; e l œ̃ d ø di, ɑ̃ sa lɑ̃ːg, "la mɔːr ε syr nu." e vwala k tutaku, mɔ̃ kɔ̃paɲɔ̃——mɔ̃n ami, prεskə mɔ̃ frεːr——tɔ̃ːba d ʃəval, la tεːt ɑ̃n avɑ̃, fudrwɑje par yn ε̃sɔlɑːsjɔ̃.

e pɑ̃dɑ̃ døz œːr, pɑ̃dɑ̃ kə ʒ esεjεz ɑ̃ vε̃ də l soːve, tuʒuːr sə tɑ̃buːr ε̃sεːzisablə m ɑ̃plisε l ɔrεːj də sɔ̃ brɥi mɔnɔtɔn, ε̃tεrmit ɑ̃ e ε̃kɔ̃ːpreɑ̃sibl; e ʒə sɑ̃ːtε sə glise dɑ̃ mez oːz la pœːr, la vrε pœːr, la hidøːz pœːr, ɑ̃ fas də sə kadɑːvr εːme, dɑ̃ sə tru ε̃ːsɑ̃ːdje par lə sɔlεːj ɑ̃ːtrə katrə mɔ̃ d sɑːblə, tɑ̃di k l eko ε̃ːkɔny nu ʒətε, a dø sɑ̃ ljø də tu vilaːʒ frɑ̃ːsε, lə batmɑ̃ ra pid dy tɑ̃ːbuːr.

G. de Maupassant.

庄严的诵读

kɔmɑ̃ djø fɔrʒ yn ɑːm

dɑ̃ la ful, səkrεtmɑ̃,
djø parfwa prɑ̃t yn ɑːm nœːv,
k il vœt amne lɑ̃ːtmɑ̃
ʒysk a lɥi d eprœːv ɑ̃n eprœːv.

il la fε poːvrə, sɑ̃ sutjε̃,
dɑ̃ le rɑ̃z ɔpskyːr rətny,
ʃεrʃɑ̃ lə vrε, vulɑ̃ lə bjε,
pyːr tuʒuːr e mekɔny.

il fɛ plie su le dulœːr
lə fɛːblə kɔːr ki ll ɑ̃ːprizɔn;
il la nurit avɛk de plœːr
kə nyl oːtr ɑːm nə supsɔn.

il lɥi sysit ʃak ʒuːr,
pur l epruːve, yn oːtrə pɛn,
il la fɛ sufriːr par l amuːr
par l ɛ̃ʒystis e par la hɛːn

il la frap d œ̃ ku sɛrtɛ̃
dɑ̃ fakœ̃ dez ɛːtrə k ɛl ɛːm
e fɛ də sɔ̃ kryɛl dɛstɛ̃
œ̃ melɑ̃ːkɔlik prɔblɛːm.

ʒamɛ sa rigœːr nə s ɑ̃ːdɔːr;
l ɑːm atɑ̃ la pɛ; il la trubl;
ɛl lyt; il frap ply fɔːr;
ɛl sə reziɲ, il rədubl.

a la ryd lwɑ dy travaːj
il la kɔ̃dɑːn, ɛ̃ːsi frape;
il la dyrsi kɔm l emaːj
il la trɑ̃ːp kɔm yn epe.

ʒyːʒ ɛ̃ːflɛksibl, il vø savwaːr
si ʒysk o bu, malgre l ɔraːʒ,
ɛl akɔ̃ːpliːra sɔ̃ dəvwaːr
sɑ̃ demɑ̃ːtiːr sə lɔ̃ kuraːʒ.

e s il la vwa, o dɛrn je ʒuːr,
sɑ̃ kə sa fɛrməte reklɑːm,
il lɥi surit avɛk amuːr;
sɛt ɛ̃ːsi kə djø fɔrʒ yn ɑːm.

Eugène Manuel.

英　语

通常快说语

ən ould wumən wəz swiːpiŋ əɹ haus wʌn mɔɹniŋ, n ʃi faund ə litl kruked sikspəns. "hwɔt ʃl ai duː, sɛd ʃi, wi ðis litl sikspəns? ai l gou tə mɑɹket, n bai ə litl pig, n kʌm houm tənait tə kuk mai apl-dʌmpliŋz."

sou ʃi wɛnt tə mɑɹket, n bɔːt ə litl pigewige. az ʃi wəz kʌmiŋ houm, ʃi keim tu ə stail; ðə pig wudnt gou ouvəɹ ðə stail. ʃi sɛd, "pig, pig, gou ouvəɹ ð stail, r ai ʃɑːnt gɛt houm tənait, tə kuk mai ɑpldʌmpliŋz, ou!"——bət ð pig wudnt.

通常慢说语

ðə gout

ðə gout iz vɛre mʌtʃ laik ðə ʃiːp; bət gouts hav biɹdz, hwail ʃiːp hav nʌn. ðə hɛːr əv ðə gout iz kɔɹs ən lɔŋ; hwail ðə wul əv ðə ʃiːp iz sɔft ən wɔɹm. ðə hɔɹnz əv ðə gout əɹ nɔt laik ðouz əv ðə ʃiːp. ə jʌŋ gout iz kɔːld ə kid, bət ə jʌŋ ʃiːp s kɔːld ə lam.

ðə milk əv ðə gout iz vɛre gud; it s ɔːfn givn tə litl tʃildrən, ən tə sik piːpl. tʃiːz iz sʌmtaimz meid frəm gouts milk.

glʌvz əɹ meid frəm ðə skinz əv kidz; ən buks əɹ baund wið ðə skinz əv gouts.

gouts əɹ faund in moust pɑɹts əv ðə wʌɹld. ðəɹ əɹ waild əz wɛl əz teim gouts.

细心的诵读

wɔles

wɔles, laik ɔːl skɔtsmən əv hai spirit, həd lukt wið greit indigneiʃən əpɔn ðə juːzəɹpeiʃən əv ðə kraum bai ɛdwəɹd, ənd əpɔn ði insələnsez hwitʃ ði iŋgliʃ souldʒəɹz kəmited ɔn hiz kʌntremən. it iz sɛd ðət hwɛn hi wəz vɛre jʌŋ. hi wɛnt fiʃiŋ fəɹ spoɹt in ðə rivəɹ əv vɹvin, niːɹ ɛːɹ. hi əd kɔːt ə gud mɛne traut, hwitʃ wəɹ kared bai ə bɔi, hu ətɛnded im wið ə fiʃiŋbɑːsket, az iz juʒuəl wið aŋgləɹz. tuː əɹ θriː iŋgliʃ souldʒəɹz, hu belɔŋd tə ðə garisən əv ɛːɹ, keim ʌp tə wɔles, ənd insisted, wið ðɛɹ juʒuəl insələnz, ɔn teikiŋ ðə fiʃ frəm ðə bɔi. wɔles wəz kəntɛnt tu əlau ðəm ə pɑɹt əv ðə traut, bət hi refjuːzd tə pɑɹt wið ðə houl bɑːsketful. ðə souldʒəɹz insisted, ənd frəm wʌɹdz keim tə blouz. wɔles had nou bɛtəɹ wɛpən ðən ðə bʌt ɛnd əv iz fiʃiŋrɔd; bət hi strʌk ðə fɔɹmoust əʌ ði iŋgliʃmən sou hɑɹd ʌndəɹ ði iːɹ wið it, ðət iː kild im ɔn ðə spɔt; ən

gɛtiŋ pəzsʃən əv ðə slein manz soɹd, hiː fɔːt wið sou mʌtʃ fjuːre ðət hi put ði ʌðəɹz tə flait, ən brɔːt houm hiz fiʃ seif ənd saund.

Scott.

庄严的诵读

mʌɹse

ðə kwɔlite əv mʌɹse iz nɔt strcind; it drɔpeθ az ðə dʒɛntl rein frəm hɛvn əpɔn ðə pleis beniːθ; it iz twais blɛst; it blɛseθ him ðət givz ənd him ðət teiks. t iz maitĭest in ðə maitĭest; it bekʌmz ðə θrouned mɔnəɹk bɛtər ðan hiz kraun; hiz sɛptəɹ ʃouz ðə foɹs əv tɛmprəl pauəɹ, ði atribjuːt tu ɔː ənd madʒeste, hwɛrin dʌθ sit ðə drɛd ənd fiːɹ əv kiŋz; bət mʌɹse iz əbʌv ðis sɛptəɹd swei; it iz ĕnθrouned in ðə haɹts əv kiŋz, it iz ən atribjuːt tu gɔd himsɛlf; end ʌɹθle pauəɹ dʌθ ðɛn ʃou laikest gɔdz hwɛn mʌɹse siːzənz dʒʌstis.

Shakespeare.

德　语

通常快说语

dər hunt mit əm flaiʃ

ˀən hunt truːk ən ʃtyk flaiʃ im maul ˀunt ʃvam damit durç ənən bax. daː zaː ər im klaːrn vasr zain bilt ˀər maintə, diːs zai ən ˀandrər hunt, ˀunt volt iːm gəʃvint s flaif neːmn. viː ər aːbr danaːx ʃnaptə, fiːl iːm zain ˀaignəs aus əm maul unt giŋ im vasr ˀuntr. nuːn hatə ˀər gaːr niçts.

通常慢说语

dər klu:gə ʃta:r

ʔain durstigər ʃta:r voltə ʔaus ʔainər vasərflaʃe triŋkən, kontə ʔa:bər das vasər in dərzɛlbən mit zainəm ʃna:bəl niçt ʔɛrraiçən. ʔɛr haktə ʔin das glɒ:s, ʔɒ:bər əs vɒ:r tsu: dik, ʔunt ɛr fərmoxtə niçt, ʔəs tsu tsərbrɛçən. ʔɛr ʃtɛmtə ziç ge:gən di flɒʃə, ʔum zi ʔumtsuvɛrfɛn, a:bər da:tsu vɒ:r ɛr tsu: ʃvax. ʔɛntliç kɒ:m ər ʔauf ʔdinən glykliçən ʔdinfal. ʔɛr lɒ:s ʃtdinçən tsuzamən ʔunt vɒrf zi: ʔin di flaʃə, vodurç dɒs vɒsər bɒlt zo ho:x ʃti:k, das ɛr əs ʔɛrraiçən ʔunt zainən durst løʃən kontə.

细心的诵读

tɛls to:t

gry:n virt di: ʔalpə ve:rdən,
ʃtyrtst di: lavi:n ʔainma:l;
tsu bɛrgə tsi:n di: he:rdən,
fu:r ʔe:rst de:r ʃne: tsu: ta:l.
ʔoiç ʃtɛlt, ʔi:r ʔalpənzø:nə,
mit je:dəm noiən ja:r
dɛs ʔaizəs brux fom fø:nə
de:n kampf de:r fraihait da:r.

dɒ: ʃtyrtst de:r vildə ʃɛçən
hɛrfo:r ʔdus zainər ʃluxt,

ʔunt fɛls ʔunt tɑnə brɛcən

fo:r zdinər jɛ:ən fluxt
ʔe:r hdt de:n ʃte:k bəgrɑ:bən
de:r ʔop de:r ʃtoibə hiŋ,
hɑt vɛkgəʃpy:lt de:n knɑ:bən
de:r ʔduf de:m ʃte:gə giŋ.

ʔunt ʔe:bən ʃrit ʔɑin ʔɑndrər
tsur brykə, dɑ: zi: brɑ:x;
niçt ʃtutst de:r grɑizə vɑndrər,
virft ziç de:m knɑ:bən nɑ:x;
fɑst ʔi:n mit ʔd:dlərʃnɛlə,
trɛ:kt ʔi:n tsum ziçərn ʔort:
dds kint ʔɛntʃpriŋt de:r vɛlə,
de:n ʔdltən rdist zi fort

dox ʔɑls nu:n ʔdusgəʃto:sən
di: flu:t de:n to:tən ldip,
dɑ: ʃte:n ʔum ʔi:n, ʔɛrgosən
ʔin jɑmər, mɑn ʔunt vɑip.
ʔɑls krɑxt ʔin zɑinəm grundə
dɛs ro:tʃtoks fɛlsgəʃtɛl
ʔɛrʃɑlt s ʔɑus ʔɑinəm mundə,
"de:r tɛl ʔist to:t, de:r tɛl!"

—Uhland.

编辑后记

该译本曾于20世纪30年代出版，是当时商务印书馆“大学丛书”系列中的一本，此次列入“汉译世界学术名著丛书”出版，并由繁体版改为简体版。

为尊重原译，本次重排除改正原书的手民之误，及对目录编排、标点符号方面做必要的修改、调整外，其他内容一仍其旧。

甚为遗憾的是，由于年代久远，原外文版本遍寻不着，中文版又因印刷技术等原因而致个别内容模糊不清，以致无法核对。对书中存在的错误，恳请读者批评指正。

商务印书馆编辑部

2012年12月

图书在版编目(CIP)数据

比较语音学概要/(法)保尔·巴西著;刘复译.—北京:商务印书馆,2017
(汉译世界学术名著丛书:120年纪念版:珍藏本)
ISBN 978-7-100-14912-9

Ⅰ.①比… Ⅱ.①保… ②刘… Ⅲ.①比较语音学 Ⅳ.①H01

中国版本图书馆CIP数据核字(2017)第161222号

汉译世界学术名著丛书
(120年纪念版·珍藏本)
比较语音学概要
〔法〕保尔·巴西 著
刘复 译

商 务 印 书 馆 出 版
(北京王府井大街36号 邮政编码100710)
商 务 印 书 馆 发 行
北 京 冠 中 印 刷 厂 印 刷
ISBN 978-7-100-14912-9

2017年12月第1版 开本710×1000 1/16
2017年12月北京第1次印刷 印张12½
定价:65.00元